「食」が動かした人類250万年史

新谷隆史
Shintani Takafumi

PHP新書

はじめに

世の中は美味《おい》しいものに満ちあふれている。街には美味しい料理を出すレストランが軒《のき》をつらねているし、美味しいと評判の洋菓子や和菓子の店もたくさん見つかる。また、スーパーマーケットでは色とりどりの食材が手に入るし、インターネットを探せば、美味しい料理のレシピも簡単に手に入れることができる。このようにヒトは美味しいものが大好きだ。

歴史を振り返ってみても、現代社会を見回してみても、ヒトの美食を追い求める情熱はすさまじいものだと痛感させられる。この美食を追い求める食欲が、ヒトの大きな特徴の一つと言っても過言ではない。そして、この美食への情熱が、ヒトが歴史を作る上で大きな原動力になってきた。

本書では、このように食が人類の歴史を動かした様子を、生命科学の視点から見ていく。

食べ物は動物の進化に大きな影響を与える。その昔、ダーウィンはガラパゴス諸島で、くちばしの形が異なる複数種のフィンチ（ダーウィンフィンチ）を発見した。そして調査を進めた結果、大きくてかたい種子を食べるフィンチはくちばしが大きくなり、小さくてやわらかい種子を食べるフィンチはくちばしが小さくなったと結論付けた。

同じように、人類の進化にも食べ物が大きな役割を果たしてきた。その結果、ヒトは他の動物には見られない、美食を追い求めるという驚くべき特徴を有するようになったのである。第1章ではこのような食による人類の進化を詳しく考察する。

第2章からは食がヒトの歴史を動かした様子を見ていく。

ヒトの歴史を振り返ってみると、特定の食物が原因となって新しい歴史が生み出された例がいくつもある。例えば、19世紀にアイルランドで起こったジャガイモの不作が、ケネディやバイデンなどのアメリカ合衆国の大統領を生み出すきっかけになった話は有名だ。このように食べ物が歴史を動かした様子を一緒に見ていこう。

他の動物にないヒトの大きな特徴の一つが、食べ物を自分の手で作り出すことだ。約1万年前に始まった農耕と牧畜は、ヒトの社会を獲得経済から生産経済へと大きく変化させた。

そしてそれ以降、農耕と牧畜は社会の基盤となり続けている。本書ではこのような食料の生産についても詳しく考察する。

動物は食べないと生きていけない。生き延びて子孫を残すことが生物の基本であり、動物は生き延びるために食べ物を獲得し続けなければならないのだ。そのため、動物は食べ物が多いところで良く繁殖する。ヒトもその例にもれず、たくさんの食べ物が手に入るところに集まり、文明を築いたのである。

文明社会においては、食は文化や伝統と深く結びつく。そして、その土地に特有の食文化が作られていく。このような食文化の歴史もヒトの歴史の重要な部分であり、本書で考察するテーマの一つになっている。

さて私は、長年にわたって生命科学の分野で研究を続けてきた現役の研究者だ。これまでに脳内の神経回路が出来上がる仕組みや、記憶・学習の仕組み、食欲が生み出される仕組み、肥満にともなって様々な疾患が生じる仕組みなどについて研究を行ってきた。また現在は、微生物を用いて健康に良い天然物質を大量に作り出す研究を進めている。

その一方で私は、食の歴史に強い興味を持って独自に調査や研究を進めてきた。その中で、食の歴史を生命科学の視点から考察すると、より深く、そしてより楽しく理解できることが分かってきたのだ。むしろ、生命科学の視点がないと、食について充分に理解することは難しいとさえ思っている。しかしそれは当然のことで、食物もそれを食べている私たちも生き物だからだ。

本書はこのように、生命科学者が語る食の歴史の本だ。本書を読むことで、食についてこれまでとは違う深い理解が得られることを願っている。

本書の出版にあたりＰＨＰ研究所の木南勇二さんには大変お世話になりました。お礼申し上げます。

新谷隆史

「食」が動かした人類250万年史　目次

第1章　人類の進化と食
——私たちは生まれながらにしてグルメである

第2章　先史時代の食
――食料不足が農耕と牧畜を誕生させた

第4章　中世の食
――食の貧しさがイスラム国家を誕生させた

第5章 近世の食

――新大陸の食が世界を変えた

第6章 近代の食
――食の工業化が人口爆発を引き起こした

第7章 現代の食と未来の食
——フードテックとともに

第1章

人類の進化と食

——私たちは生まれながらにしてグルメである

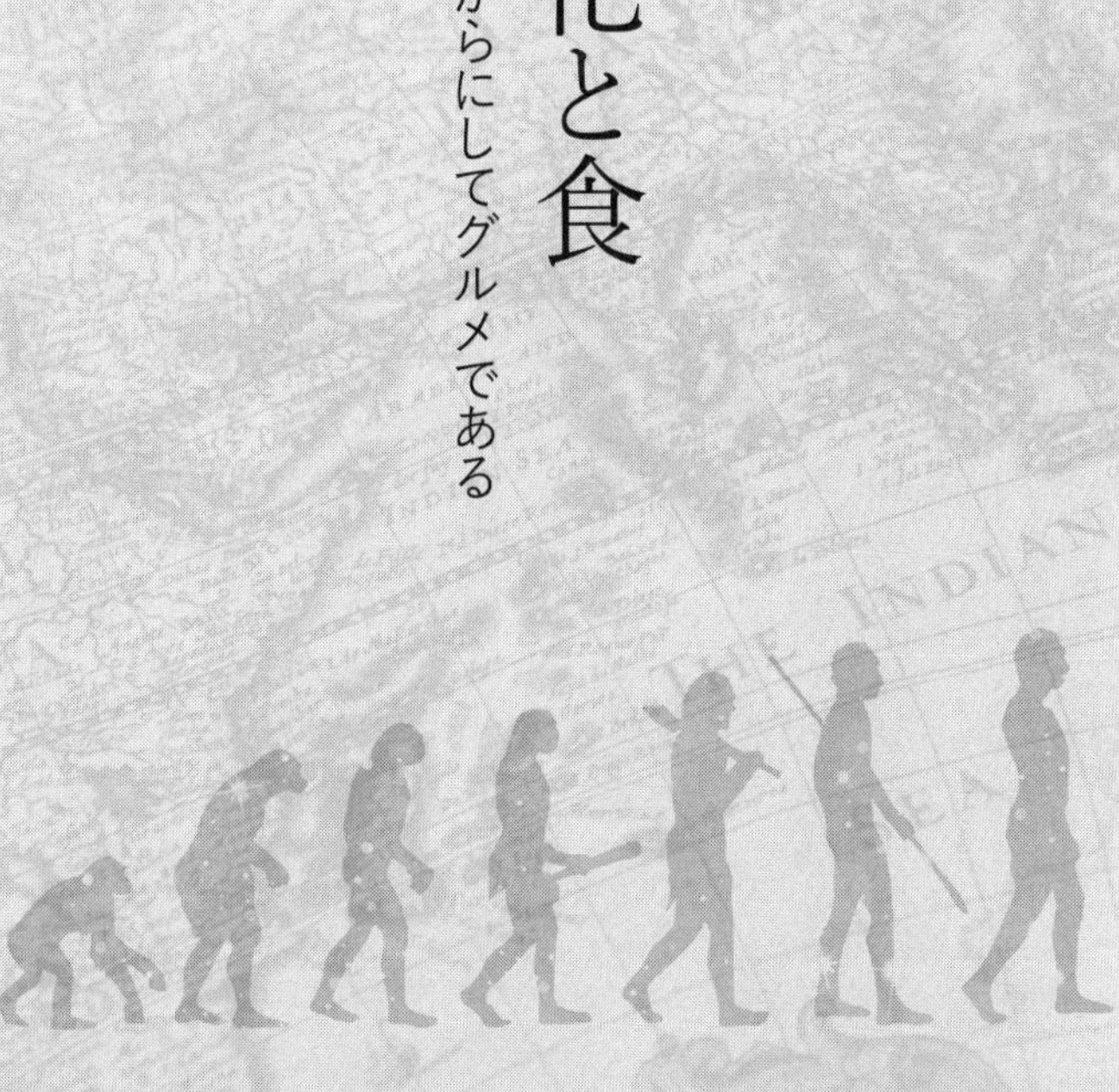

ヒトの学名はホモ・サピエンス（Homo sapiens）だ。「ホモ」とはラテン語で「ヒト属」という意味で、霊長類の中で大脳がもっとも発達したグループを表している。本書ではこのヒト属に含まれる霊長類を人類と呼ぶ。

過去には、ネアンデルタール人（学名：ホモ・ネアンデルターレンシス）やヒトの直接の祖先と考えられているホモ・ハビリスなどがこのホモに属していたが、現在ではヒトしか生き残っていない。

「ホモ」に続く「サピエンス」は、ラテン語で「賢い」を意味する。つまり「ホモ・サピエンス」とは「ヒト属の中の賢い種」という意味になる。

私たちヒトが本当に賢いかどうかは議論の余地があるところだが、動物の中でもっとも発達した知能を持っていることは確かだ。ヒトは、この高い知能と二足歩行、そして言葉を使用する点で他の動物とは大きく異なっているというのが一般的な認識だ。

一方、あまり知られていないことだが、食を存分に楽しむことができるのもヒトの大きな特徴だ。すなわち、ヒトはあらゆる動物の中で、もっとも食べ物を美味しく食べられるように進化してきたのである。

このような進化が起こる上で、食の存在はとても重要だった。すなわち、ヒトはより多くの食べ物をより良く食べるように進化してきた結果、現在のように、様々な食べ物を美味しく楽しめるようになったのだ。

　本書では最初に、ヒトが食を存分に楽しむ体の構造や仕組みを進化によって獲得してきた歴史を見ていこう。

◎哺乳類から霊長類へ

　まず、哺乳類からどのように霊長類が進化してきたかを見てみよう。

　哺乳類が誕生したのは、2億年以上昔のことだと考えられている。その頃は恐竜が繁栄を極めていた。ネズミのように小型で体の弱かった哺乳類は、恐竜から逃れるために、もっぱら夜に活動する夜行性の生活を送っていた。

　夜は暗くモノクロの世界だ。そのため、哺乳類では色を見分ける能力が退化した。両生類、爬虫類、鳥類は、眼の網膜に赤・緑・青・紫外線のそれぞれの光に反応する4種類のセンサー細胞（錐体《すいたい》細胞）を持っている。一方、哺乳類の祖先は、このうちの緑と紫外線に反応するセンサー細胞を失ったのだ。その結果、哺乳類は昼でも色の違いをほとんど見分けることができなくなった。

やがて約６５５０万年前にメキシコのユカタン半島付近に巨大隕石が落下し、地球環境が激変する。その結果、恐竜を含む多くの生物が絶滅した。一方で、哺乳類の大部分は小型で動きが素早かったため、安全な場所を見つけ出すことで何とか生き延びることができたと考えられている。そして、恐竜に代わって哺乳類が繁栄するのである。

その中から約６５００万年前に最初の霊長類プルガトリウスが登場した。霊長類といっても、まだネズミのような姿をした、胴の長さが10センチほどの小さな動物だ。彼らは身体能力が他の動物より劣っていたため、競争相手がほとんどいなかった樹上を棲《す》み処《か》にしたと考えられている。また、この頃の哺乳類の大半は夜行性のままだったが、樹上生活を始めた霊長類の祖先は昼行性に移行していったようだ。

霊長類が森で生活を始めたのに歩調を合わせるように、森には特別な食べ物が生まれつつあった。それは果実だ。果実とは被子《ひし》植物が作る種子の入った肉質の構造物のことで、カキやリンゴなど、私たちが果物と呼んでいるものはすべて果実だ。この果実が霊長類と歩調を合わせて進化したのである。いわゆる共進化と呼ばれるものだ。

動くことができない植物が生息域を広げるためには、種子を誰かに運んでもらう必要がある。被子植物がその運び手に選んだのが霊長類だったのだ。霊長類に果実を食べてもらい、フンといっしょに種子をばらまいてもらうのである。

被子植物は霊長類に食べてもらうために、肉厚で色鮮やかな果実を作るように進化していった。一方、霊長類も果実を見つけやすいように視覚が発達したと考えられている。

視覚の中でも色を判別する能力の進化が特に重要だ。約３０００万年前に、ヒトにつながる霊長類では色覚のセンサー細胞が、それまでの赤・青の２種類から赤・緑・青の３種類に増えた。すなわち、緑色に反応するセンサー細胞が再び備わったのである。その結果、他の哺乳類に比べて、ずっと多くの色彩を見分けることができるようになった。

さらに、彼らの網膜の中心部分には「中心窩《ちゅうしんか》」と呼ばれる特別な領域が作られるようになった。私たちが対象物をしっかり観察する時は対象物に視線を合わせるが、実はその時には中心窩に像が結ばれているのだ。中心窩には色を感知するセンサー細胞が高密度に存在していて、ここに像が結ばれることで対象物を高解像度で色鮮やかに見ることができるのである。

このように霊長類で発達した視覚だが、これは食を楽しむ上でもとても重要な能力だ。食べ物の見た目はとても大切で、見た目が良いと美味しそうに見えるし、逆に見た目が悪いと不味《まず》く思えてしまう。

また、色に関してはこんな研究もある。オレンジジュースと桃のジュースを混ぜて、オレンジ色のボトルに入れると、飲んだ人の多くは中身をオレンジジュースと答える。一方、ピンク色のボトルに入れると、今度は桃のジュースと答えるのだ。つまり、容器の色によって味わいが変わるのである。

このように、大昔に果実食を始めることによって視覚が大きく発達したことで、食べ物の見た目がとても重要になったのだ。

一方、霊長類の祖先が果実を食べ始めたことで失ったものもある。それは、ビタミンCを作る能力だ。ビタミンCは動物の生存に必須であるため、ほとんどの動物は自分でビタミンCを作ることができる。ところが、果実にはビタミンCがたくさん含まれていたことから、霊長類の祖先はビタミンCを作ることをやめてしまったのだ。

これは、果物や野菜などのビタミンCを含んだ食べ物を食べ続けなければならないことを意味している。後述するが、このことが大航海時代に多くの船乗りの命を奪うことになるのである。

◎二足歩行と野菜食の始まり

約700万年前にヒトの祖先は、チンパンジーの祖先と分かれて独自の進化の道を歩み始めた。ヒトにつながる新しい霊長類が生まれたのだ。彼らはサヘラントロプス・チャデンシスと呼ばれ、二足歩行を開始した最初の種と考えられている（次ページ、図1）。

このように二足歩行への進化が生じた原因は、環境の変化にあると考えられている。ちょうどその頃、寒冷化によって木々がまばらになり、主食としてきた果実や木の実などが減少しつつあったのだ。そこで祖先は、より多くの食料を集めるために二足歩行を行って草原に進出するようになったと考えられている。

二足歩行による移動は、四足を用いた移動よりもずっと省エネとされる。というのも、4つの足を使って歩く時には全身の筋肉を使うのに対して、二足歩行だと使用する筋肉がずっと少なくてすむからだ。そのため、同じエネルギーを使っても二足歩行だと四足歩行の数倍の距離を移動できる。このように、サヘラントロプス・チャデンシスは二足歩行によって他の霊長類よりも長い距離を移動することで、より多くの食料を手に入れようとしたのだ。

そうはいっても、寒冷化によって果実が徐々に少なくなっていった時代だ。果実や木の実

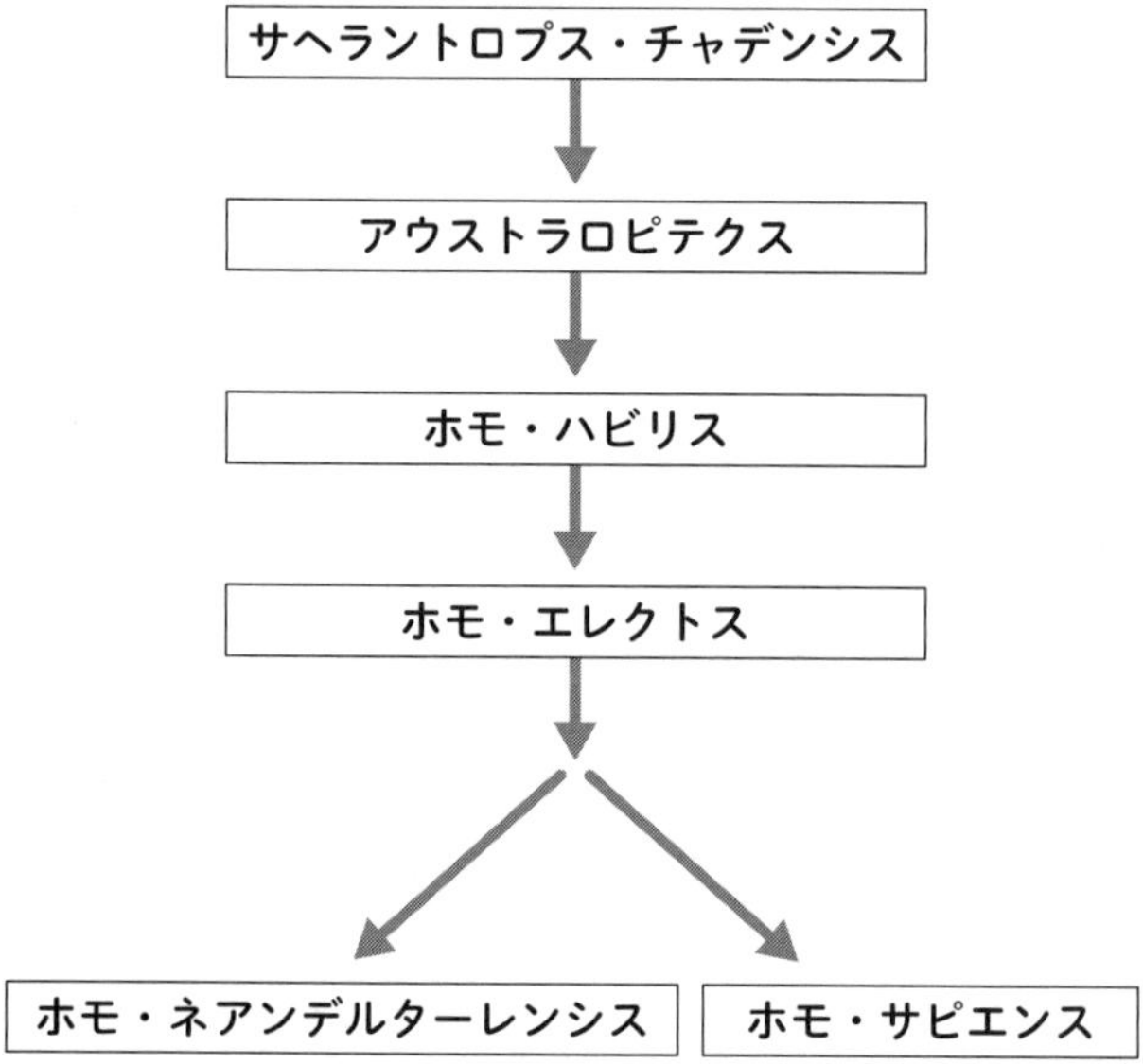

図1　人類の進化

だけでは生きていくために必要なエネルギーをまかなうことができなかったので、彼らはそれ以外の食べ物も口にしていたようだ。

　それを物語っているのが、彼らの口の奥にある臼歯《きゅうし》だ。臼歯は食べ物をすりつぶすために使用する歯で、サヘラントロプス・チャデンシスはそれまでよりも大きくなった臼歯を使って、果実よりも硬い食べ物——例えば植物の葉や茎などを食べていたと考えられるのだ。

　このような草食の傾向は、サヘラントロプス・チャデンシスの子孫のアウストラロピテクスでより顕著になる。彼らが生存していた約400万年前から約200万年前のアフリカでは、寒冷化に加えて乾燥化が進んだ結果、得られる果実がぐっと減ったのだ。そこでアウストラロピテクスの選んだ道は、硬くても食べられるものは何でも食べてしまおうというものだった。

中でも、植物の根が重要な食料になったのではないかと考えられている。植物の中にはイモ類のように、根にデンプンなどをたくわえるものがある。このような植物の根を重要な食料とした可能性が高い。

しかし、イモといっても現代の栽培品種のように軟らかいものではなく、食物繊維に富み、とても硬いものだったはずだ。アウストラロピテクスの臼歯はチンパンジーの臼歯のおよそ2倍の大きさがあり、あごの力もとても強かったことが発掘された骨格から推測されている。これらの進化した臼歯とあごを使って、食物繊維に富んだ硬い食べ物をむしゃむしゃと食べていたに違いない。

私たちの臼歯はアウストラロピテクスよりも小さくなってしまったが、チンパンジーよりもずっと大きい。このように祖先から立派な臼歯を引き継いだおかげで、私たちはゴボウやレンコンなどの硬い野菜が入ったサラダを美味しくいただけるのである。

◎肉食の始まり

現代の私たちは、肉や野菜、魚、穀物、果物など、いろいろな種類の食べ物を食べている。このように多種類の食べ物を食べられることも、食を楽しむ上では重要だ。もし、私たちが果実などの少数の食べ物しか食べられなかったとしたら、食の楽しみはぐっと減ってしまうだろう。

先に見たように、草原に進出したヒトの祖先は、植物の葉や茎、根などを食べるようになった。これは食料不足の時代の窮余《きゅうよ》の策だったと考えられるが、結局はこのことで私たちの食のレパートリーが広がることになった。

しかし、これだけではまだ足りないものがある。

——そう、それは肉だ。私たちの食卓でメインディッシュになることが多い肉が、まだ登場していない。

この肉を食べ始めたのもアウストラロピテクスだと考えられている。食べられるものは何でも食べてしまおうという方針はここでも実行されたのだ。しかし、狩りをして肉を獲得していたのではなく、死んだ動物の肉を運よく手に入れた時にだけ食べたようだ。まだまだ野生動物を狩るほどの力はなかったのである。

動物の肉を食料とするためには、特別な体の装備が必要だ。それは「歯」だ。肉食動物は草食動物にはない、肉を食べるための特別な2種類の歯を備えている。

一つ目は、発達した「犬歯」だ。肉食動物の鋭くとがった4本の犬歯は、獲物を捕らえる役目をする。犬歯でいったん獲物に食らいつくと、歯が獲物の体に深く食い込んで容易にはずれなくなる。こうして獲物の動きを止めてから、仕留めるのである。

二つ目は「裂肉歯」と呼ばれる特殊な奥歯だ。これは仕留めた獲物の肉を食べる時に使用する。多くの動物の皮膚は厚くて丈夫だ。この丈夫な皮膚を切り裂ける歯がないと、中の肉を食べることはできない。また、皮膚を切り裂いた後は、喉を通過できる大きさまで肉を細かくかみ切らなければならない。そのような役割を果たしているのが裂肉歯だ。上下の裂肉歯はハサミのようになっていて、皮膚や肉を引き裂くのに都合よくできている。肉食動物はこの裂肉歯を使って肉を食べるのだ。

一方、発達した犬歯や裂肉歯を持たないヒトの祖先が本格的な肉食を開始するためには、犬歯や裂肉歯の代わりをするものが必要だった。そこでヒトの祖先が作り出したのが「石器」だった。すなわち、獲物を仕留めるための石器や、ナイフのように皮膚や肉を切り裂く石器を生み出したのである。

最初の石器（打製石器）を作ったとされているのが、約250万年前に出現したホモ・ハビリスだ。ホモ・ハビリスはホモ属の最初の種と考えられている。ホモ・ハビリスの臼歯はそれまでの原人のものよりも小さいため、植物性の食べ物の比率が低くなったと考えられている。つまり、石器を使用することで、本格的な肉食を開始したのである。

ホモ・ハビリスよりもずっと精巧で機能的な石器を使うようになったのがホモ・エレクトスだ。彼らは約190万年前にアフリカで誕生し、約10万年前まで存続していた。

ホモ・エレクトスの姿かたちは私たちヒトにとても似ていたと考えられている。臼歯の大きさもホモ・ハビリスよりも少し小さくなり、ホモ・サピエンスとほぼ同じになった。このことから、ホモ・エレクトスは、ヒトと同じくらいの肉を食べていたと想像される。

以上のように人類の重要な食べ物となった肉だが、これは人類の脳の発達にとても重要な役割を果たすことになる。

◎人類の脳は肉食で大きくなった

ここで、進化によって人類の脳がどのように大きくなってきたかを見てみよう。

現代のチンパンジーの脳の大きさはおよそ４００ccだが、サヘラントロプス・チャデンシスの脳も同じくらいの大きさだったと考えられている。アウストラロピテクスになると脳が少しだけ大きくなり、およそ５００ccとなった。そして、次のホモ・ハビリスでは６００〜８００ccとなる。さらにホモ・エレクトスでは脳容積は９５０〜１１００ccまで大きくなり、約30万年前に誕生したヒト（ホモ・サピエンス）では脳容積は約１４００ccまで拡大した。

このように脳が大きくなるためには、その材料となるタンパク質や脂質を大量に摂取する必要がある。肉はタンパク質の固まりであり、脂質も多く含まれることから、脳を大きくするためには格好の食料だったのである。

また、脳は大量のエネルギーを消費する器官だ。ヒトの脳は体重のわずか２パーセントの重さだが、安静時に必要なエネルギーの25パーセントを消費している。このように大量のエネルギーを消費する脳を拡大させる上でも肉はとても役に立った。というのも、肉は高エネルギー食品だからだ。例えば生野菜は１００グラム当たり20キロカロリー未満のエネルギーしか含まれておらず、リンゴも50キロカロリーほどだが、１００グラムの肉には２００キロ

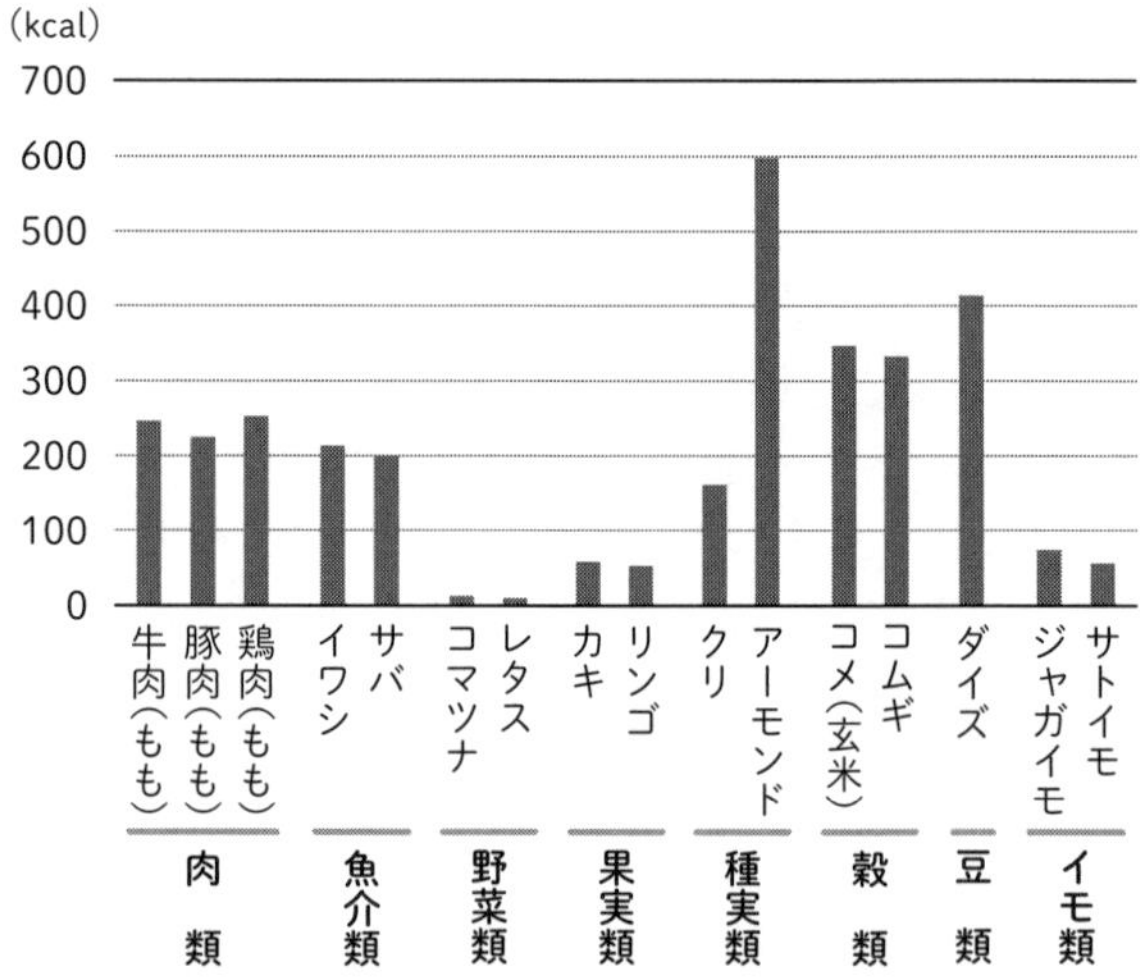

図2　食品100グラム当たりのカロリー

文部科学省「日本食品標準成分表2020年版」に記載されているカロリー表示をもとに作成

カロリー以上ものエネルギーが含まれているのだ（図2）。肉に匹敵するのはコメなどの穀類とダイズなどの豆類、アーモンドなどの種実類だけだ。

さらに、肉食によって消化管が短くなったことも脳の拡大に役立った。胃や腸などの消化管はとても活動的な器官で、蠕動《ぜんどう》運動や消化液の放出などに大量のエネルギーを消費している。一般的に草食動物は長い消化管を持ち、肉食動物の消化管は短い。食物繊維は消化しにくいため長い消化管が必要なのに対し、肉は軟らかくて消化しやすいからだ。

人類も肉食を進めることによって腸

が短くなっていった。チンパンジーとの共通の祖先と比べて、ヒトでは身長に対する腸の割合は約半分になったと考えられている。こうして、腸に使っていたエネルギーを脳の拡大に使えるようになったのだ。

人類が火の利用を始めると、脳の拡大はさらに加速した。火で調理すると、食べ物は消化吸収されやすいかたちに変化し、エネルギーの摂取効率が格段に上昇するからだ。例えば、肉を加熱するとタンパク質が変性することによってかみ切りやすくなり、さらに消化酵素で分解されやすくなる。また、穀類やイモ類などのようにデンプンを多く含む食品は、煮たり蒸したりすると軟らかくなり、デンプンも消化されやすい構造に変化する（これをアルファ化と呼ぶ）。

さらに、火は食べ物に好ましい性質を与える。それは「におい」だ。火で調理すると、食品中の成分同士でメイラード反応と呼ばれる化学反応が起こる。このメイラード反応によって、美味しそうなにおいが充満するのだ。例えば肉を焼いた時の香ばしいにおいや、うなぎのかば焼きの食欲をそそるにおいなどは、どれもメイラード反応によって生まれたにおい分子によるものだ。

このように様々な食材を火で調理することで消化吸収が良くなるとともに、美味しさも増したのだ。

人類が火を使い始めるようになった時期についてははっきり分かっていないが、炉《いろり》の跡から少なくとも約30万年前にホモ・エレクトスが火を使用し始めたと推察されている。といっても、最初は山火事や落雷、火山活動などで発火したものを火種にしていたのだろう。

やがてヒトは、木同士をこすり合わせることで着火させる方法を編み出した。日本の縄文時代の遺跡からは、このような発火装置が見つかっているという。

◎脳で食を楽しむ

肉食によって脳が大きくなったといっても、脳全体が一様に拡大したわけではない。脳は全体的に大きくなったが、その中でも狩猟に関係する脳領域が特に大きくなっていったのである。つまり、狩猟に関係する脳領域が拡大することで肉食化がさらに進行し、その結果、狩猟に関係する脳領域がさらに大きくなるという正のスパイラルが生まれたのだ。

大きくなった脳領域の一つが、「ブロードマン10野」と呼ばれる人脳の最前方に位置するところだ（図3）。ここは脳の最高中枢といわれる前頭前野の一部で、複数の情報から様々

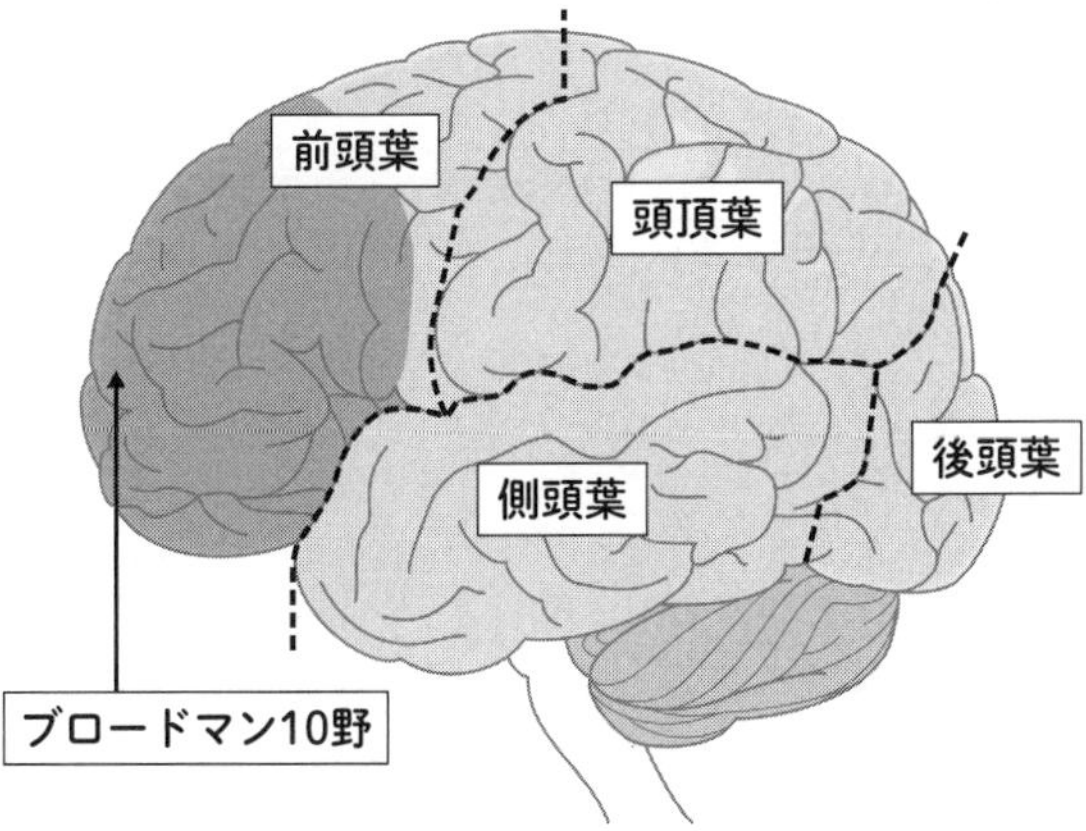

ブロードマン10野は前頭葉の一番前側にある（濃い灰色部分は前頭前野）

図３　大脳の領域

な判断を行ったり、他人の感情や考えを推《お》し量ったりする役割を果たしている。

ヒトは集団の力で獲物を狩るが、その時にはこのブロードマン10野が大活躍しているのだ。そのため、この脳領域の能力が高い集団ほど、多くの獲物を得たと考えられる。こうして、ブロードマン10野が発達した集団が自然淘汰《とうた》の戦いに打ち勝った結果、私たちホモ・サピエンスが誕生したと考えられる。

ブロードマン10野が発達したヒトであるが、その結果、美食を追求するという性《さが》も負ってしまった。ブロードマン10野には、幸せな感情とその時の記憶を結びつけ記録するという役割もあるからだ。つまり、ある食べ物や飲み物を食べたり飲んだりした時に幸せを感じたら、それを記憶する働きをしているのだ。そして、その後その食べ物や飲み物を見たり考えたりすると、その幸せな感情が呼び起こされる。その結果、人はその食べ物や飲み物の誘惑から逃れることができなくなるのだ。

あなたには我慢できずについつい食べてしまう食べ物はないだろうか。その時にはブロードマン10野が働いているのだと思い出してほしい。

さらにブロードマン10野は、本来は不味いものも美味しいものに変えてしまうことができる。その典型が苦いものや辛いものだ。ヒト以外の動物は、苦いものをまず口にしない。他の動物では「苦いもの＝毒」と遺伝子に刷り込まれているからだ。実際に一部の植物は動物に食べられないように毒を作っており、これはたいがい苦い味がするそうだ。

また、トウガラシなどの辛いものも同じだ。他の動物は絶対に辛いものを食べない。そもそも辛さは痛みを感じる神経（痛覚神経）が刺激されることで感じられるもので、自ら痛みを求めることなどヒト以外の動物はしないのだ。このように、他の動物が口にしないものを美味しいと感じさせているのもブロードマン10野なのである。

もう少し説明しよう。例えばコーヒーだ。コーヒーは苦いが、飲むと頭がすっきりする。これはコーヒーに含まれるカフェインの効果だ。このようなコーヒーの覚醒《かくせい》効果をブロードマン10野が好ましいと判断するため、苦くてもコーヒーは美味しい飲み物となるのだ。

また、トウガラシ料理を美味しいと感じるのは、トウガラシの辛さを痛みと感じた脳が、痛みを和らげるためにβ－エンドルフィンと呼ばれるホルモンを放出するからだ。このホルモンは快楽を生み出す効果もあり、これをブロードマン10野が好ましいと判断することから、トウガラシ料理は美味しく感じられるようになるのである。

このように、ヒトではブロードマン10野がとても発達したため、他の動物が決して口にしない様々なものを美味しく食べたり飲んだりできるようになったのである。

さらにブロードマン10野は「もう少しこうすれば、もっと美味しくなるのではないか」という考えも生み出してしまう。未来の予測を立てるというのも、この脳領域の役割の一つだからだ。こうして、ブロードマン10野が発達したヒトは美食を追求するグルメの道を歩むことになったのである。

◎鼻腔で味わう美味しさ

ヒト（ホモ・サピエンス）の最大の特徴が、言語を持っていることだ。ヒトの最初の言語は話して伝える「音声言語」だった。ヒトは約30万年前にアフリカで誕生し、6万年ほど前にその一部がアフリカを出て世界中に分布するようになったが、世界各地の言語には高い類似性が見られることから、アフリカを出る以前の10万年から8万年ほど前にヒトは言語を獲得したと考えられている。

ヒトは他の動物とは異なり、長くて広い「声道」を持っており、ここを巧みに動かして多種多様な音声を発している。実は、この独特の声道を獲得した時に喉の周辺の構造が変化したため、ヒトは他の動物とは違う方法で食べ物のにおいを感じるようになったのだ。

通常、においを嗅《か》ぐ時には、においが含まれる空気を鼻の穴から吸い込むことでにおいを感じる。いわゆる「くんくん」とにおいを嗅ぐやり方だ。この方法についてはヒトも他の動物も同じだ。しかし、これ以外に、ヒトだけが食事中に使用している方法があるのだ。それは、口の中の食べ物から発するにおいを、口の奥にある穴を通して鼻腔《びくう》に送るやり方だ。

鏡で自分の口の中を覗《のぞ》いてみよう。口の奥の上方に、鼻腔に通じている穴が見えるはずだ。この穴を通って、食べ物のにおいが鼻腔に送られるのだ。口の中は小さい空間だし、体温によって温められた食べ物からはにおいが立ちやすい。こうして生まれた濃厚なにおいが、その穴を通って鼻腔に送られるのである。

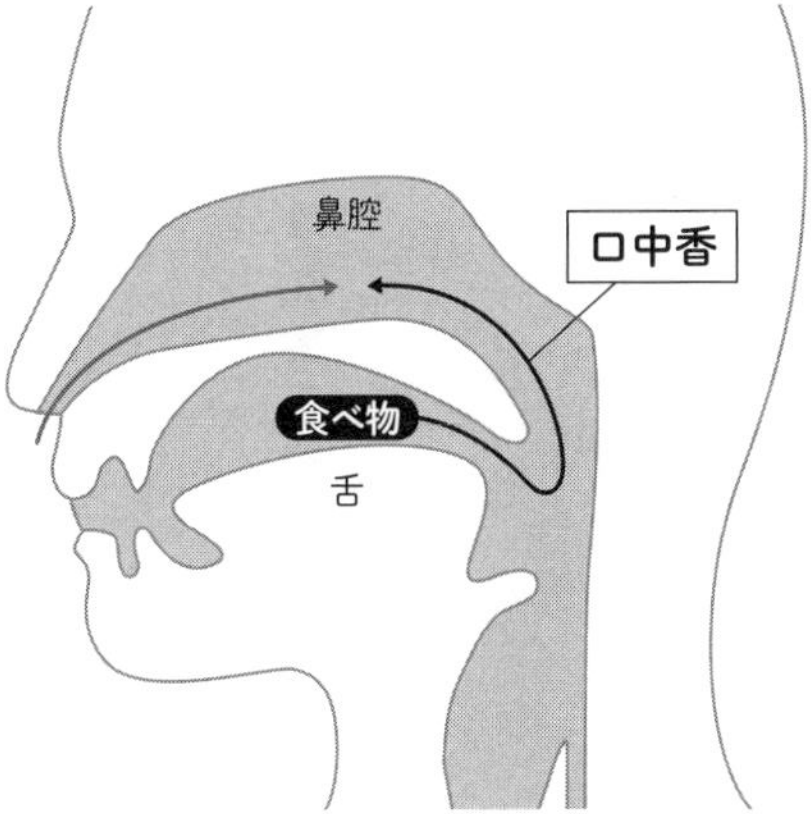

口の中の食べ物のにおいは口の奥を通って鼻腔に入る

図4　口中香

このようなにおいを専門用語で「口中香《こうちゅうか》」と呼んでいる（図4）。口の中で生じる香り（におい）という意味だ。私たちが食べている時には、舌で味を感じると同時に鼻腔で口中香を感じており、それらが組み合わされることで食べ物の味わいとなっているのである。

そんな口中香の重要性を確かめる簡単な実験がある。それは鼻をつまんで食事をすることだ。こうすることで口の中の空気が鼻腔に抜けなくなり、口中香を感じることができなくなるのだ。きっと食べ物の本来の味がしないはずだ。

次に、食べ物をモグモグと咀嚼《そしゃく》しながら、鼻をつまんでいる手を離してみよう。豊かで深い味わいが広がるはずだ。このように、私たちは口中香を「味」であると錯覚しており、においとしては認識していない。この理由は、味とにおいを同時に感知しているからなのだ。

このように、ヒトは特殊な喉の周辺への構造を手に入れることで、言葉をしゃべれるようになると同時に、食べ物のにおいを存分に楽しめるグルメになったのである。

◎ヒトは美食を追求し続ける

ヒトは冒険心にあふれている。約6万年前にアフリカを出て世界中に旅立っていったヒトの中には当時陸続きだったベーリング海峡を渡ってアメリカ大陸に進出し、さらに南下して南アメリカの南端まで到達した強者《つわもの》もいた。このようにヒトは、多少の危険などものともしない真の冒険者なのだ。

こうしたヒトの旺盛《おうせい》な冒険心は食べ物にも向けられてきた。先史時代からヒトは常に新しい食べ物を探し続けてきたのだ。食べられるものなら何でも食べてみようというのが、祖先から受け継いだ基本的な姿勢なのだ。

例えばイスラエルで発掘された約2万年前のオハローII遺跡からは、ムギ、アーモンド、オリーブ、ピスタチオ、ブドウなど１００種類以上の種子や果実、そして多種類の魚とガゼル、シカ、ウサギ、キツネ、鳥類の骨などが見つかっており、実に多くの種類のものを食べていたことが分かる。

このように新しい食べ物を探し求める行為は、他の動物には見られないものだ。動物は通常新しい食べ物を避けて、食べ慣れたものばかりを食べる。毒などの危険物を避けるという意味では、これが正しい行動なのだ。

ところがこの方法だと、環境の変化などで主食となる食べ物が激減した場合にとても困ってしまう。このような危機に陥《おちい》らないようにするために、ヒトはあらゆるものを食べるように進化したのかもしれない。つまり、グルメは身を助けるということだ。

長い間、ヒト（ホモ・サピエンス）は、野生動物を狩る狩猟と、野生の木の実や種子、果実などを集める採集によって食べ物を得ていた。いわゆる狩猟採集生活だ。

現代の狩猟民族の観察から、集められた食べ物は皆に平等に分配されていたと考えられている。また、特定の者に労働が集中しないように、たくさんの食料を集めることができたメンバーは、次の労働は免除されるなどの配慮もあったと推測されている。すなわち、狩猟採集社会は平等だったのだ。

やがてヒトは、自らの手で食べ物を作る時代へと突入していく。農耕牧畜の開始だ。それは平等な社会の終わりでもあった。

次章ではそのような新しい食の世界を見ていこう。

第2章

先史時代の食

——食料不足が農耕と牧畜を誕生させた

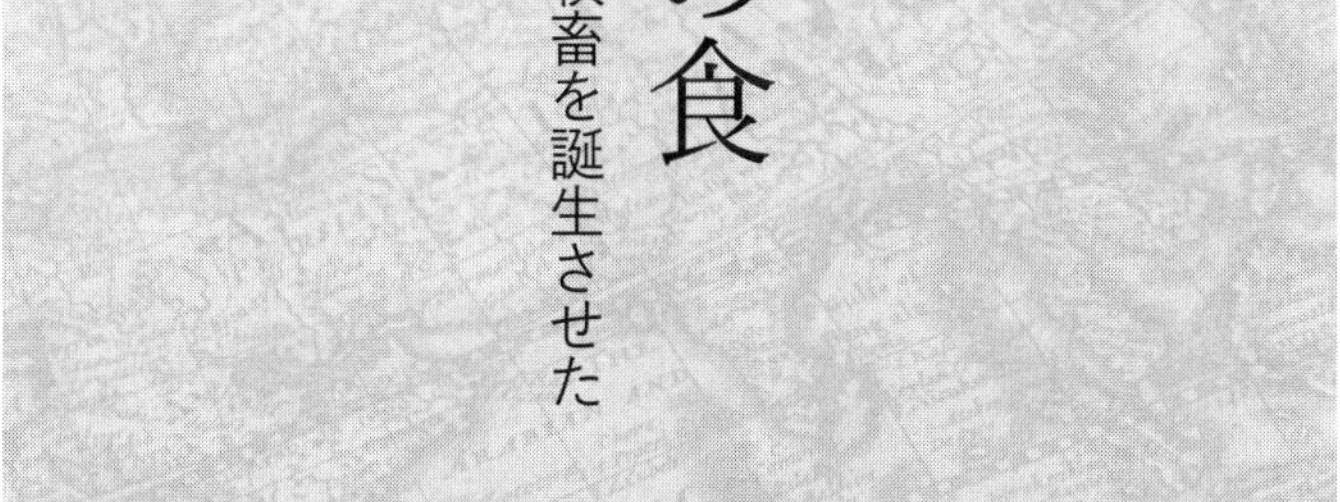

ヒト（ホモ・サピエンス）が誕生した約30万年前から約1万年前まで、ヒトは狩猟採集生活を営《いとな》んでいた。このような生活を一変させたのが農耕と牧畜の開始だ。これは人類史上きわめて大きな出来事であった。そのため、農耕の始まりを「農業革命」と呼ぶ学者も多い。

農耕と牧畜が始まった本当の理由は確定していないが、獲物となる動物の減少だとする説が有力だ。ヒトの狩猟技術の進歩と人口の増加によって、狩りやすくて肉が大量に得られる大型動物が減少していったと考えられる。さらに、約1万年前に氷期が終了したことが、寒さに強い大型動物の減少に拍車をかけた。また、その後に続いた気候変動によっても獲物となる動物が減少したと考えられている。以上の変化によって、食料になる肉以外の食べ物を見つける必要が出てきたのだ。そこで農耕と牧畜が始まったのだと考えられている。

肉と同じように高いエネルギーを持つものとして、ムギ・コメなどの穀類がある（30ページ、図2）。また、野菜や果実はすぐに腐ってダメになってしまうが、穀類は長期間保存できることも好都合だった。冬などの食料が乏《とぼ》しい季節でも、保存しておいた穀類を食べることで生き延びることができるのだ。そのため、ムギ・コメなどの穀類の栽培が始まったのだ。

一方、ヒトも農耕の開始によって進化した。穀物に含まれるデンプンを糖に分解するアミラーゼという酵素の遺伝子が増えたと考えられているのだ。その結果、穀物から効率的にエネルギーを獲得することができるようになったのである。つまり、炭水化物食への適応進化が起きたのだ。

農耕と牧畜を行うためには定住生活を送る必要がある。また、お互いに助け合った方が効率的に作業できるため、自然に集落がつくられていったと考えられる。そして、効率化が進んだ集落では労働力にゆとりが生まれるようになり、時間をかけて高い技術を要する物を製作できるようになった。こうして、農耕と牧畜の開始にともなって磨製石器や土器などが作られるようになったのである。

ところで、農耕と牧畜が開始されたことは、狩猟や採集に頼ってきた食料を自らが生産することを意味する。つまり、獲得経済から生産経済への大きな転換点が農耕と牧畜の開始なのだ。

また、農耕で得られた穀物や家畜は比較的長期にわたって保有できるものであることから、農耕と牧畜の始まりは「富」という概念が生まれた時でもある。そして、農耕と牧畜の開始によって、多く持つ者（富める者）と少ししか持たない者（貧しき者）が生まれたのである。

このように、農耕社会では階級が生まれ、社会構造が複雑化していった。そしてこれが文明へと発展していくのである。

本章では、以上のように、人類史上画期的な転換点になった農耕と牧畜の始まりについて見ていこう。

◎先史時代の人口変化

狩猟採集生活の間、人口はゆっくりとしか増えなかったと考えられている。ところが、約1万年前にヒトが農耕生活を始めると急速に人口が増え始めた（図5）。なぜだろうか。

一つ目の理由が、農耕生活への移行による死亡率の低下だ。

狩猟採集生活では食料が安定して手に入るわけではない。時には、満足に食べ物がない日々が何日も続いたと考えられる。その結果、餓死した人や、栄養失調で病気になり死亡した人も少なくなかったはずだ。

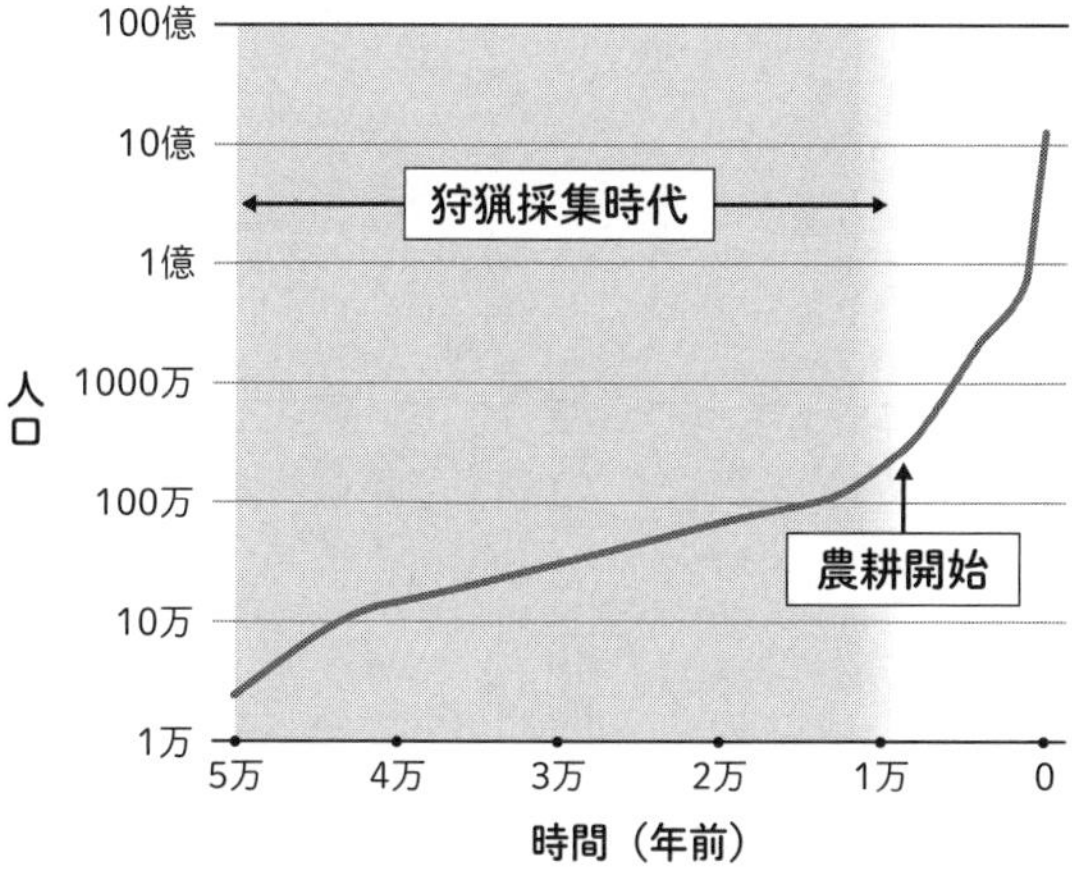

図5　西アジア・ヨーロッパの人口の推移
（Hawksら, PNAS, 104, 20753-20758, 2007年を改変）

現代の狩猟採集民族でも、狩猟採集中に事故で死亡したり、仲間同士の争いで死亡したりすることがたびたび見られるそうだ。そして食料となる動物や植物が安全な場所で見つかる保証はない。また、獲物の逆襲に遭うこともあるだろう。さらに、獲物を狩るための毒矢や槍《やり》などで過《あやま》って命を落とすこともあったと考えられる。

一方、農耕生活では、保存がきくコムギやコメなどの穀物が栽培されており、食べ物が安定的に存在していた。そのため、十分な量の作物を収穫できていれば、1年を通して飢えに苦しむことはなかったはずだ。

また、農耕は安全な農地で営まれるため、狩猟採集生活で見られるような事故は少ない。さらに、たとえ喧嘩《けんか》が起こっても、手に持っている道具は人を殺せるほどのものではなかった。このような理由から、狩猟採集生活から農耕生活への移行にともなって死亡率は減少したと考えられる。

人口が増加した二つ目の理由は、農耕生活にともなって出生率が向上したことだ。移動生活が中心だった狩猟採集生活では、子供は移動の足かせになりかねない。このため、避妊などによって子供の出生数をコントロールしていたと考えられている。また、栄養状態の悪化によって、女性の排卵が抑制されることもあっただろう。さらに、男は獲物を追いかけるためにパートナーと離れている時間も長かったはずだ。その結果、狩猟生活では妊娠する確率は低かったと考えられるのだ。

一方、農耕生活では、狩猟採集生活で妊娠を妨げていた要因がすべてなくなった。安定した生活で愛するパートナーがそばにいたらどうなるか、想像に難《かた》くない。さらに、農耕の労働力を増やすために子づくりが奨励されたとも考えられる。その結果、出生率が向上したのだ。

ただし、農耕生活の開始直後に安定した食料生産ができなかった地域では、死亡率の上昇が見られたようだ。新しい農耕生活に適応できた人々だけが生き延び、子孫を残すことができたのだろう。

◎ヒトは雑草を進化させて食料を生み出した

ムギやコメ（イネ）などの穀類は「草」の種子だ。草の寿命は数年以内と短く、1年以内の寿命のものを一年草と呼ぶ。栽培することを考えると、木よりも草の方が効率的に種子を収穫できる。その中でも一年草は毎年収穫できるので、農耕を行う上でもっとも適していると言える。このような理由から、農耕が始まってから現在まで、一年草が主に栽培されてきた。世界三大穀物のムギ、コメ、トウモロコシはすべて一年草だ。

さらに重要なことは、ムギ、イネ、トウモロコシの祖先はすべて雑草だったことだ。また、おなじみのダイズ、ジャガイモ、サツマイモなども元は雑草だった。

雑草と聞くと、何か嫌な存在に聞こえる。実際に雑草の定義は、おおよそ「ヒトの生活を妨害する植物」とされている。つまりヒトは、邪魔者だった雑草を、自分たちの命を支える大切な植物に作り変えたのだ。これは専門用語で「栽培化」と呼ばれる。

もし、私たちの祖先が、ムギ、イネ、トウモロコシなどを栽培化できなかったら、現在のようなヒトの繁栄はなかったはずだ。つまり、栽培化した植物を育てて食料とする農耕を始めることによって、ヒト社会は狩猟採集の「獲得経済」から「生産経済」に移るという大きな変革を成し遂げたのだ。

そこで、この栽培化について詳しく見てみよう。まずは、雑草が持っている驚くべき能力についてだ。雑草の能力を知ると、栽培化がきわめて大きな食の革命であったことが分かるはずだ。

◎雑草のすごい能力

小学校の理科の実験で定番となっているのが、植物の栽培だ。低学年ではアサガオなどを育てて、植物が生長する様子を観察する。夏休みには育てたアサガオを家に持ち帰って観察を続けるのが宿題だった。

小学校の高学年になると少し高度なことを教わる。インゲンマメなどを使って種子が発芽する条件を調べるのだ。インゲンマメを水につけたり冷蔵庫に入れたりして発芽するかを調べる。そして、植物の種子の発芽に必要な条件として「水」「酸素(空気)」「適度な温度」

の3つを学ぶのだ。

しかし植物の種子の中には、これらの3つの条件がそろっても発芽しないものがある。種子がこのように発芽しない状態にあることを「休眠」しているという。

この休眠の仕組みはとても重要だ。例えば春に芽を出す種子が、冬の初めに暖かいからといって芽を出してしまうと、後にやってくる冬の寒さで全滅してしまう。一方、秋に芽を出す種子が春に芽を出すと、夏の暑さで枯れてしまう。このような誤った発芽をしないために、適切な季節になるまで休眠するという仕組みがあるのだ。発芽すべき季節になって特定の刺激を受けることで休眠から覚めた種子は、水・酸素・適度な温度の3つの条件がそろうと発芽するのである。

雑草の多くはさらに、光の刺激が加わって初めて発芽する「光発芽」という仕組みを備えている。これは、光合成をしないと生きることができない植物が、光がある場合にのみ発芽する仕組みだ。例えば他の植物が生い茂っているところで発芽すると、先に生えている葉で光が遮《さえぎ》られてしまい、うまく育つことができない。

また、種子が土中深くにある場合も、発芽しても光があるところに到達できずに枯れてしまう。雑草はこれらの危険性を避けるために、生育に必要な光を感じた場合にのみ発芽する光発芽の仕組みを備えているのだ。

土を耕すとすぐに雑草が生えてくるのは、土中深くに埋まっていた雑草の種子が地表近くまで掘り起こされて、光発芽したことが理由の一つとして考えられる。

さらに雑草の種子には、同じ条件でも発芽するタイミングをずらすという特徴もある。もし一斉に発芽すると、草刈りなどによって全滅してしまうかもしれないからだ。そこで、雑草の種子は同じ条件で一斉に発芽するのではなく、お互いの発芽の時期を微妙にずらすという特徴を備えている。こうして、雑草の種子は長期にわたって断続的に発芽する。人が草取りをしても雑草がすぐ生えてくるように見える理由はこれだ。

◎雑草はどんな時でも種子を残す

雑草の極めつきの能力は「自家受粉」で子孫を残せることだ。

動物がオスとメスに分かれていて生殖により子孫を残すように、植物の多くは、おしべで作った花粉をめしべに受粉させることによって子孫（種子）を作る。この時、多くの植物では、花粉が同じ個体のめしべに受粉する自家受粉を避ける仕組みが備わっている。

例えば、多くの植物では、おしべよりもめしべが長くなっており、花粉が同じ個体のめしべにつきにくい構造になっている。また、おしべとめしべが成熟するタイミングをずらすことで自家受粉を防いでいる植物もある。さらに、おしべだけの花とめしべだけの花を別々に作る種類もある。

それに加えて、花粉が同じ個体のめしべに誤ってついてしまった場合には、化学物質を出して受粉を阻止する「自家不和合性」という仕組みもあるのだ。

こうして自家受粉を防止することで遺伝子の多様性が保たれる。同じ遺伝子ばかりを持っていると、環境変化に対して同じ応答しかできなくなってしまい、全滅する恐れがあるからだ。これを避けるために、ほとんどの動物や植物では他の個体との生殖が行われていると考えられている。しかし、その場合、近くに別の仲間がいないと子孫を増やすことができない。

そこで雑草は、独りぼっちでも子孫を残せるように進化したと考えられている。これは、子孫を残すことを最優先にした究極の戦略と言える。

さらにイネ科の雑草は、受粉に虫や鳥を使わず、風や重力で花粉をめしべまで運んで受粉させる。これも、他の生物がいなくても確実に子孫を残すための戦略と考えられる。

このように雑草は受粉に独特の仕組みを開発することで、悪い環境でも生き抜くことができるように進化してきたのだ。

◎雑草の栽培化

生物の進化を大きく推し進めるのが、遺伝子が変化する「突然変異」だ。突然変異によって異なる性質のものが誕生するのだ。通常はその中で、環境に適したものが選択される「自然選択」が起こるが、栽培化では人に都合の良いものが選択される「人為選択」が起こる。つまりヒトは、突然変異で新しく生まれた雑草の子孫の中で、より好ましい品種を人為選択することで栽培化を進めたのだ。

穀物の栽培を行う際に、蒔《ま》いた種子がすぐに発芽してくれなければ困るし、発芽のタイミングがずれるという性質も農作業を進める上で不都合になる。そこで人為選択によって、ムギ、イネ、トウモロコシなどの種子は、決まった季節まで休眠する仕組みや、光発芽の仕組みを失った。また、種子ごとに発芽のタイミングがずれるという性質もなくなってしまった。

さらに、人為選択によって、自然選択では絶対に起こらない、とんでもない進化が雑草に生じた。それは、種子が熟しても地上に落ちない「非脱粒性」への変化だ。

植物が子孫を残すためには種子を土壌にばらまく必要がある。一方、種子が地上に落ちてしまうと、人が食べ物として収穫するためには1粒ずつ集めなければならないので、大変な労力になる。そこで、種子が落ちずに穂にとどまったままの品種が人為選択されたのだ。

しかし、植物にとって非脱粒性とは、自力で生きるのをやめてヒトに自らの繁殖をゆだねるという異常な状態だ。すなわち、非脱粒性への変化によって、ムギ、イネ、トウモロコシなどは、独力で生きる道を捨てたと言える。

一方で、自家受粉するという性質は強化された。栽培を行う上で、毎年同じ性質を持った種子（穀物）を収穫できるということはとても重要なことだ。自家受粉は、同じ性質を維持する上で必須の仕組みと言えるのだ。

さらにヒトは、１つの穂により多くの種子やより大きい種子をつけるものを選択していったと考えられる。

以上のような栽培化は短期間では達成できなかっただろう。ヒトは数百年、あるいは数千年の長い年月をかけて、栽培化を進めていったと考えられる。このように、穀物はある時から急速に主要な食料になったのではなく、徐々にその重要性を増していったと考えられるのだ。

◎ムギ類の栽培化

ここで、主要な作物の栽培化について見ていこう。まずはムギだ。

古代メソポタミアにおける主要な穀物はオオムギだった。そして、古代ギリシアにいたるまで、オオムギは西アジアとヨーロッパの庶民の主要なエネルギー源になっていた。また、オオムギは古代よりビールの原料として利用されてきた。

オオムギは約8000年前に、レバント(東部地中海沿岸地方)・南東アナトリア・メソポタミアの「肥沃《ひよく》な三日月地帯」と呼ばれる地域の高原を中心に栽培化されたと考えられている(図6)。この地域は夏に雨が少なく冬に雨が多い地中海性気候だ。ムギ類は秋に発芽して晩春から初夏に新しい種子が実る「冬作物」で、地中海性気候に適した植物だ。

一方、現在主要な穀物になっているコムギには複数の種類があるので、少し注意が必要だ。

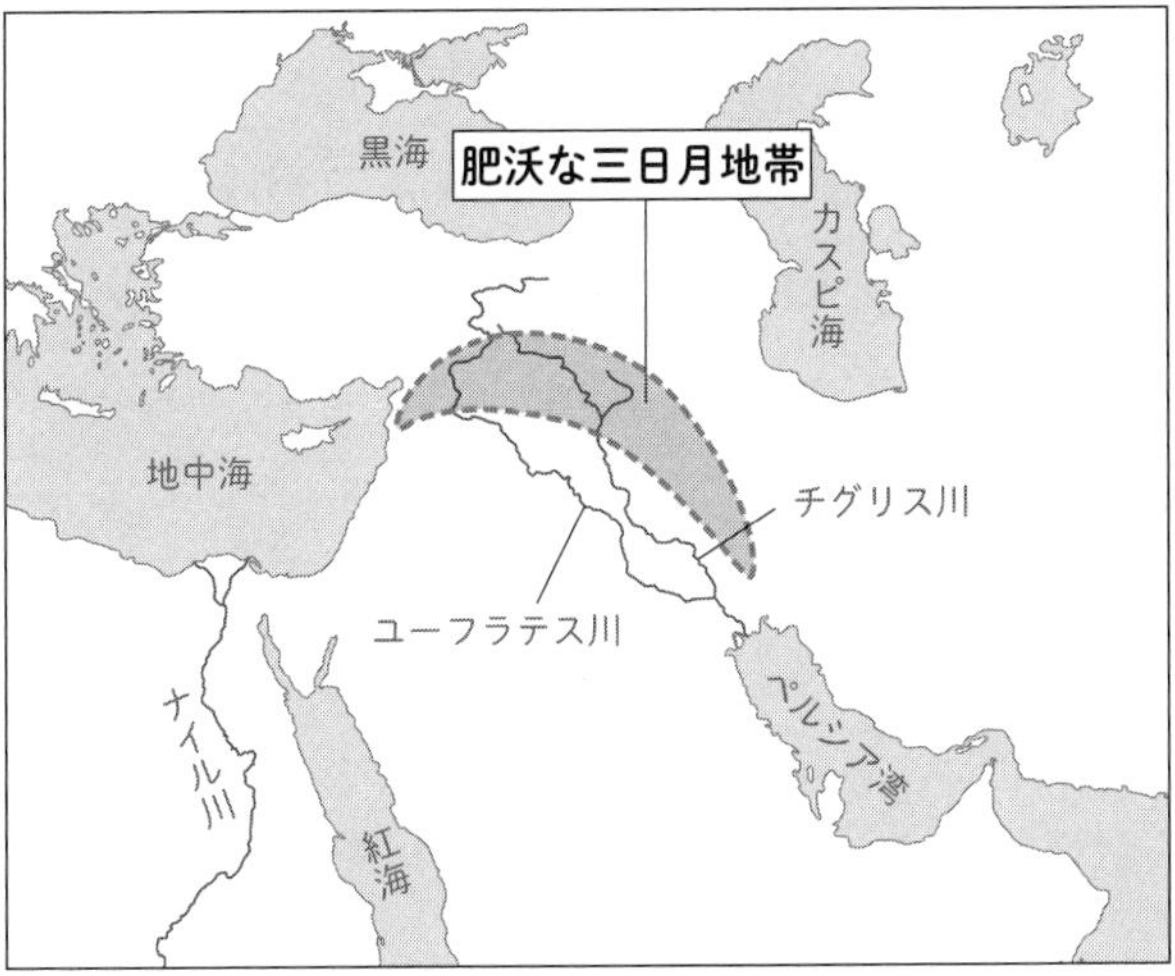

図６　肥沃な三日月地帯

現在主に食べられているコムギは「パンコムギ」だ。また、別に「マカロニコムギ（デュラムコムギ）」がある。名前の通り、パンコムギはパンを作るのに適したコムギで、マカロニコムギはパスタを作るのに適したコムギだ。つまり、マカロニコムギからはふっくらとしたパンを作ることはできない。

この違いは、コムギに含まれるタンパク質の「グルテン」の性質の違いによるものだ。小麦粉に水を加えてこねると、パンコムギのグルテンは、弾力と粘りのある巨大な網目構造を形成する。パンを作る時にこの網目構造に気泡がたまることによって、独特のふっくら感が生まれる。一方、マカロニコムギのグルテンは、この弾力と粘りに欠けているのだ。

コムギの栽培化はおおよそ次のように考えられている。まずマカロニコムギが約1万年前に現在のトルコ周辺で、野生のコムギからの突然変異によって生まれた。一方、パンコムギは、マカロニコムギを野生種のタルホコムギと異種交配させることで、約8000年前にカスピ海南岸地域で誕生したと考えられている。パンコムギの良質のグルテンは、タルホコムギから持ち込まれたものだ。

黒パンの原料となるライムギは、元々はコムギ畑の雑草であったものが、人に刈り取られないように進化を遂げた結果、栽培されるようになったものだ。つまり、ライムギは、人の目を逃れるために姿かたちをコムギに似せるとともに、非脱粒性への変化という驚くべき進化を遂げたのだ。ライムギはコムギよりも冷涼な気候に強いため、約5000年前に北欧において栽培化された。

エンバクは、現在健康食品として人気の高いオートミールの原料だ。エンバクも、コムギ畑の雑草だったものが人の目を逃れるためにコムギのように進化した結果、栽培種となったものだ。これは約5000年前の中央ヨーロッパでのことだと考えられている。

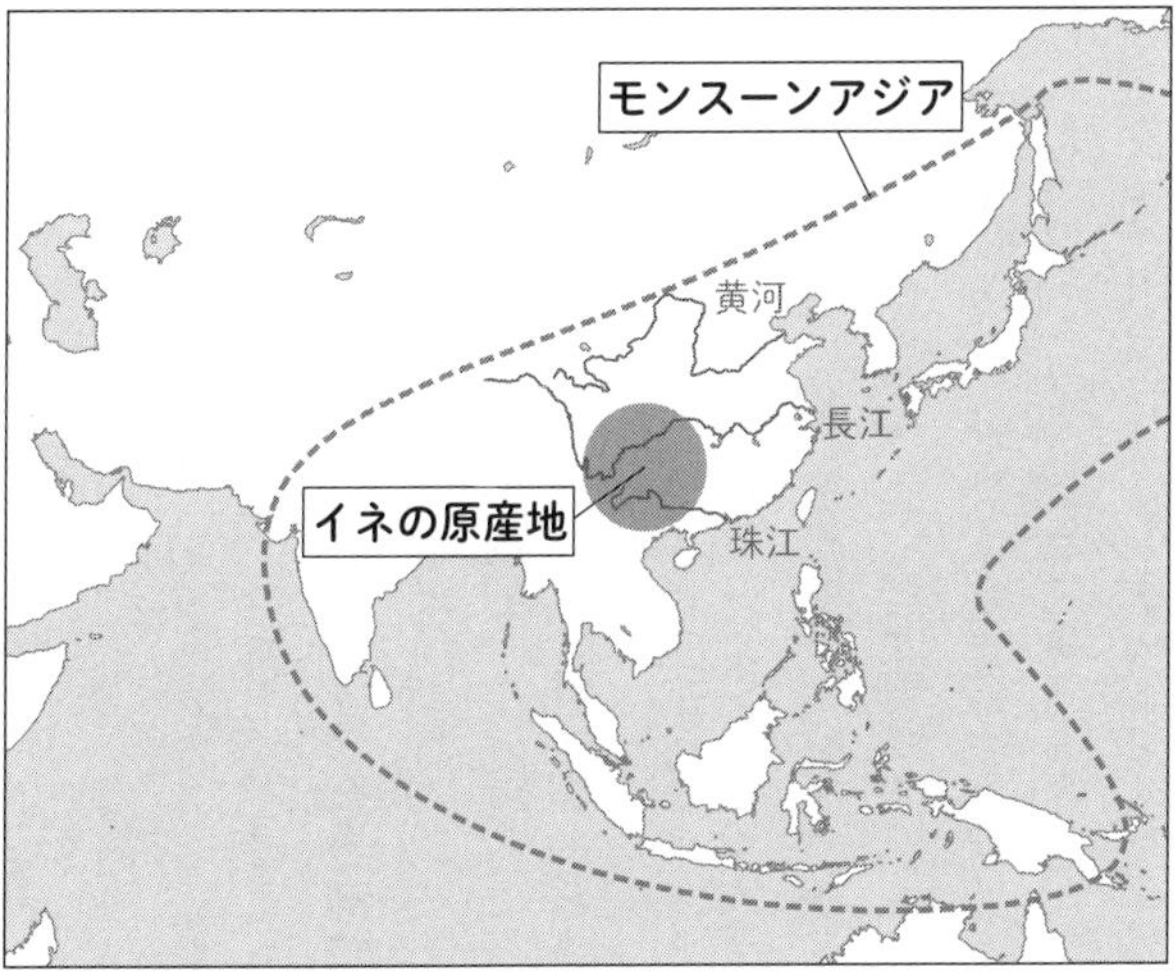

図7　黄河・長江・珠江とモンスーンアジア

◎コメ（イネ）の栽培化

日本人の主食としてなじみの深いコメ（イネ）は、世界中で栽培されている重要な作物だ。イネを栽培するには1年間に1000ミリ以上の降水量が必要であり、コムギの栽培に必要な500ミリの降水量に比べて、より多くの水を必要とする。この条件を満たすのが「モンスーンアジア」と呼ばれる、日本列島を含む東アジア、東南アジア、南アジアの地域だ（図7）。この地域には、モンスーン（季節風）によって海上の湿った空気が運ばれてくる。イネは、このモンスーンアジアに適した穀物として栽培化された。

イネは形態や生態の違いから、インディカ

種とジャポニカ種に大別される。インディカ種は長い形をした粘り気が少ない品種で、南の暖かい地域で栽培される。一方、ジャポニカ種は、その名の通り日本でよく食べられている丸みをおびた品種で、粘り気がある。これらが、いつ、どこで栽培化されたのかについては諸説あるが、おおよそ次の通りだと考えられている。

最初に栽培化されたのはジャポニカ種であり、約1万年前に中国の珠江《しゅこう》の中流域、あるいは長江《ちょうこう》の中流域で野生のイネ科の植物から栽培化により誕生した。一方、インディカ種は、ジャポニカ種が他の野生種と交雑することで同じ地域に生まれた。

栽培化後、ジャポニカ種とインディカ種は各地に広がっていくが、日本には、長江下流域から、約3000年前の縄文時代の終わりに伝来したとする説が有力だ。

他の穀物には見られないイネに特有の栽培方法が、水田稲作だ。水田稲作では連作障害が出にくく、毎年同じ場所でコメを作り続けることができる。その理由の一つが、イネは水田にはられた水に溶け込んだ窒素やリンなどの栄養素を常に利用できることだ。さらに、水田の土壌中に生息している「鉄還元窒素固定菌」と呼ばれる細菌が空気中の窒素を固定することによって、土壌が常に栄養価の高い状態に保たれていることも大きな理由になっている。

ちなみに、水田に鉄粉をまいておくと、この細菌が活性化して、窒素固定が促進され、コメの収穫量が増えることが確かめられている。

水田稲作は非常に生産性が高く、単位面積当たりの収穫量はコムギの約1・5倍であり、蒔いた種当たりの収穫量もコムギの4倍以上になる。さらに、モンスーンアジアで栽培される農作物のうちで、コメが単位面積当たりの収穫量がもっとも高い。世界の総人口の約60パーセントがこの地域に集中しているのも、水田稲作のおかげと言える。

中国の長江流域では少なくとも約6000年前に水田稲作が行われていた。日本には、イネが伝来した縄文時代晩期か、その少し後に水田稲作が伝わったと考えられている。紀元2〜3世紀頃の弥生時代後期の登呂《とろ》遺跡からは51面の水田遺構が見つかっており、その総面積は約7万平方メートルにもなるという。

尚、コメを主食とする地域の人々では、前述のデンプンを糖に分解するアミラーゼの遺伝子数が大幅に増えていることが明らかになっている。そして、アミラーゼの遺伝子数が多い人ほど太りにくい体質であることも分かってきた。

唾液中のアミラーゼが多いほどデンプンが素早く分解されて糖ができる。この糖の甘さをよく感じられることが、太りにくさに関係していると考えられている。

◎ダイズの栽培化

ダイズから作られる豆乳や豆腐などは健康的な食品として海外でも人気だ。また、ダイズに含まれるイソフラボンは女性ホルモンに似た作用を示すため、閉経後の女性がダイズ製品を多く摂取すると、更年期障害や骨粗鬆症《こつそしょうしょう》を軽減する効果があるとされている。

ダイズはツルマメと呼ばれる東アジア原産の植物から、約5000年前に栽培化された。ツルマメは現代でも日本各地の野原で見かける雑草で、日本もダイズの起源地の一つと考えられている。

ダイズなどのマメ科植物は根粒菌と呼ばれる細菌を根の中に囲い込むことで、空気中の窒素を栄養素として利用することができる。そのため、マメ科植物はやせた土壌でも生育することが可能だ。

古来、日本ではダイズは五穀の一つとして重要な作物とされてきた。特に味噌《みそ》や醤油《しょうゆ》の原料として和食にはなくてはならないものだ。一方、古代の中国ではダイズの地位は低く、貧乏人が食べる下等な作物だった。

このように中国人にはあまり気に入られなかったダイズだが、その栄養価はとても高い。

ダイズにはたくさんのタンパク質が含まれており、それらを構成するアミノ酸のバランスもとても良いのだ。また、カルシウムもたくさん含まれている。アジアでは動物の乳はあまり飲まれなかったが、その代わりのタンパク源とカルシウム源になったのがダイズだったのだ。

◎トウモロコシとジャガイモの栽培化

朝採りのトウモロコシの実には糖分がしっかりたまっていて、焼いてもゆがいても甘くてとても美味しい。この愛すべきトウモロコシは約９０００年前にメキシコのバルサス川流域で、テオシントというイネ科の雑草から栽培化によって進化したと推測されている（次ページ、図8）。

テオシントの穀粒は硬い皮におおわれているが、トウモロコシではその皮がなくなって食べやすくなった。また、10粒程度の穀粒しか実らないテオシントに比べて、栽培化された当初のトウモロコシは数十粒もの穀粒を持つようになった。今では品種改良が進み、穀粒は数百粒に増えている。

図８　トウモロコシとジャガイモの原産地

トウモロコシは、メキシコ高地から北米やカリブの島々、アンデス山脈に広がってい き、約７０００年前までには南北アメリカ大陸の主要農産物となった。

トウモロコシの穀粒を石灰水で煮てからつぶすと粘りが出る。それを薄く広げて焼いたものをトルティーヤと呼び、トルティーヤで具を包んだものがタコスである。現代ではタコスはメキシコを代表する料理になっている。

一方、ジャガイモは、南米ペルーのチチカカ湖畔を中心とする中央アンデス高地が発祥と考えられているが、栽培化の過程については詳しく分かっていない。もっとも近縁の野生種であるアウカレが人の生活環境に好んで生息する雑草であることから、ジャガイモの祖先も同じように、人の住居の近くに生えていた雑草であったと考えられている。

ジャガイモはトマトやナスなどと同じナス科の植物であるが、他のナス科の植物と異なり、地下茎に大量のデンプンを蓄える。近縁種のアウカレの地下茎には毒であるアルカロイドのソラニンが大量に含まれている。ジャガイモも当初は相当量のソラニンを含んでいたと思われるが、栽培化や品種改良によってソラニンの少ないものが選択されていったと考えられている。しかし、現代のジャガイモでも芽や、日に当たって緑化した部分にはソラニンが作られているので注意が必要だ。

大航海時代に入ると、トウモロコシやジャガイモは他のアメリカ大陸原産の植物と一緒にヨーロッパに渡り、人類史に大きな影響を及ぼす存在になっていく。

◎草原の動物の家畜化

農耕の開始から少し遅れて家畜の飼育（牧畜）が始まったと考えられている。牧畜は、それまでは狩猟で得ていた動物の肉をいつでも食べられるようにと生み出されたと考えられる。牧畜の開始からやがて家畜の乳を利用することも始まった。

肉や乳には動物が生きるために必須の栄養素であるタンパク質が豊富に含まれている。穀物や果実などの植物性食品にもタンパク質は含まれているが、肉や乳に比べると圧倒的に少ない。このため、家畜はタンパク質の貯蔵庫としての重要な役割を果たしていたと言える。

ヤギやヒツジ、ウシが食べる牧草のほとんどが雑草だ。例えば現在牧草としてよく栽培されているイネ科のチモシーやマメ科のクローバーは、野原などに普通に見られる雑草だ。

そして、ヤギ、ヒツジ、ウシはすべて「反芻《はんすう》動物」だ。反芻動物は4つの胃を持ち、口で咀嚼《そしゃく》したものを第1胃と第2胃に送って部分的に消化した後、再び口に戻して咀嚼するという作業を繰り返す。この過程で、食物繊維（セルロース）を胃の中にいる微生物によって分解してもらう。その後、食べ物は第3胃を経て第4胃に送られると、増殖した微生物も一緒に胃の消化酵素によって消化されて吸収される。このようにして反芻動物は、私たちが食べられない雑草から効率的に栄養を獲得することができるのだ。

ヒトにとってヤギやヒツジ、ウシの祖先は草原で見慣れた動物で、狩りの対象だった。そしてヒトは、これらの動物を子供のうちに捕まえて雑草を与えておけば、やがて成長してたくさんの肉になることに気づいたのだろう。

また、動物は子供の頃から育てると、人になつきやすい。例えば人を襲うオオカミでも、幼い頃から育てるとイヌのように飼い主になつくそうだ。人になつくと、当然飼育しやすくなる。

このような理由から、野生動物の子供を囲い込むことで家畜化が始まったと推測される。囲い込んだ動物に与える餌には、雑草の他に収穫したムギやイネなどから種子を除いた藁《わら》も含まれていたはずだ。このように反芻動物はヒトと食べ物の点で競合しないし、不要な藁を餌に利用できるという点で家畜にするには格好の動物だった。

やがてヒトは、オスとメスを交配させて子供を産ませることを始めたと考えられる。そして、より扱いやすい個体や太りやすい個体を選び出して繁殖を重ねることで、ヒトにとって好ましい動物に改良していった。これが家畜化の過程だ。

農耕が始まって約１０００年ほど経《た》ってから、ヤギやヒツジ、ウシなどが家畜化されて飼育されるようになった。最初は肉を得るために家畜を飼育していたが、やがて乳や毛などの利用価値にも気がついて家畜の用途は広がっていく。そして家畜は人間にとってなくてはならない存在になった。

◎家畜化症候群

雑草の栽培化と同じように、家畜化にともなって動物に大きな変化が生じた。つまり、「体格の縮小」「垂れ耳や白い斑紋の出現」「鼻先の短縮」「尾の巻き上がり」「脳容量の減少」など特有の変化が現れるのだ。このような変化を「家畜化症候群」と呼ぶ。

家畜化症候群に関しては、1959年からシベリアで始まった実験が有名だ。ドミトリ・ベリャーエフという研究者は、野生のギンギツネを集め、その中から人に対する敵愾《てきがい》心や警戒心が少ないものを選び出し交配を行った。その後も、生まれた子供たちの中で、さらに敵愾心や警戒心が少ないものを選び出し、交配するという作業を続けたのだ。

その結果、ギンギツネに衝撃的な変化が現れた。驚いたことに、通常はヒトを見ると唸《うな》り声をあげるギンギツネが、10世代くらい後には、人に対して尾を振りながら近づいてきて手をなめるなど、まるで犬のような行動を取るようになったのだ。

また、性格だけを基準に選別を繰り返していただけなのに、家畜化症候群に特有の外見の変化が生じた。つまり、体格が小さくなり、耳が垂れ、毛皮に白い斑紋が現れ、吻《ふん》が小さくなり、尾がカールした。さらに、野生では単独行動をするギンギツネが、群れを作るようになった。その後このギンギツネの子孫たちは、「ナレギツネ」という名称でペットとして売られていたという。

それでは、どうして家畜化にともなって、このような広範囲の変化が生じるのだろうか。実はこの問題は、進化論の創始者チャールズ・ダーウィンをも悩ませた。生存に有利（この場合はヒトにとって有利）な形質が進化の過程で選択されるというダーウィンの説では、役に立ちそうにない垂れ耳や白斑などの出現を説明することができないからだ。

現在の有力な説として「神経堤《てい》細胞」という特殊な神経細胞の関与を家畜化症候群の原因とするものがある。神経堤細胞は、受精卵が発生を始めてから一時的に出現する細胞で、体内のあちこちに移動して様々な細胞に変化する。その中には、末梢《まっしょう》神経の細胞や、ストレスホルモンを分泌する副腎の細胞、顔の骨や軟骨を作る細胞、メラニン色素を作る細胞などがある。もし、神経堤細胞に何らかの変化が生じると、これらの細胞のすべてに影響が及ぶと考えられる。つまり、末梢神経や副腎の細胞の変化によって人になつきやすい性格になり、骨や軟骨を作る細胞の変化によって吻が小さくなるとともに耳が垂れ、メラニン色素を作る細胞の変化によって白斑が生じるということだ。

実際に、オオカミと、オオカミから家畜化したイヌの遺伝子の違いを調べた研究では、神経堤細胞で働く遺伝子に違いがあることが明らかになっている。

◎ヤギ・ヒツジ・ウシの家畜化

ヤギとヒツジの家畜化は、約8000年前から開始されたと考えられている。野生のヤギとヒツジはおとなしい性格であったため、家畜化にはそれほど大きな苦労はなかったであろう。家畜化によって、ヤギとヒツジの体格は小さくなった。

ヤギの家畜化は、西アジアのいくつかの地域で独自に進んだ。一方、ヒツジの家畜化は、肥沃な三日月地帯内の山脈の裾野で進行したと考えられている。

家畜化されたヤギは、最初は肉を得るために飼われていた。ところが、しばらくしてヒトが乳の有用性に気がついた。つまり、ヤギを生かし続ければ、乳を継続して収穫できるのだ。こうしてヤギは搾乳が行われた最初の家畜になり、よりたくさんの乳を出す品種が選択されていったのだろう。チーズやバターなどもヤギの乳から発明された。

一方、ヒツジも当初は肉を得るために飼われていたが、やがて毛の利用が広がった。その後も長い年月をかけて、より良い羊毛を得るための改良が進み、ウールと呼ばれる長く柔ら

図9　ラスコー洞窟の壁画に描かれたオーロックス

かい毛を多く持つ品種が開発されたと考えられている。

ウシの家畜化は、ヤギやヒツジに比べて約1000年以上遅れたと考えられている。ウシの祖先はオーロックスという動物で、約1万5000年前のフランスのラスコー洞窟の壁画にも描かれている（図9）。オーロックスはウシよりも体が大きく、長い角を持っていた。また、獰猛《どうもう》な性格であった。そのため、家畜化が遅れたのだろう。

オーロックスはアジア、ヨーロッパ、北アフリカなどの広い範囲に分布していたが、家畜化は西アジアとインドで独自に行われたと考えられている。

ウシも初めは肉や皮を取るために飼育されたが、得られる乳の量がヤギやヒツジよりずっと多いため、牛乳の利用が進んだ。また、後には、農作業や運搬に使用されるようになり、ウシの大きな力は人々の生活になくてはならないものになっていく。

家畜化された当初のヤギ、ヒツジ、ウシは現代種よりもかなり小型だった。その後、より多くの肉や乳などを得るために品種改良が進められた結果、体が次第に大型化したと考えられている。

◎乳の利用

ここで、乳の利用について考えてみよう。

乳は、哺乳類が生まれた子を育てるために乳首から分泌される液体だ。生まれたばかりの赤ちゃんは乳だけで育てられることから、乳には赤ちゃんの生存と発育に必要なすべての栄養素が含まれている。そのため、乳は「完全栄養食」と呼んでもよく、ヒトが家畜の乳に目をつけたのは大正解だったと言える。

ところで、哺乳類の乳の中には「乳糖」と呼ばれる糖類が含まれている。この乳糖がくせものだ。実は、乳の利用が進む前は、ほとんどの人間の大人は乳糖を消化することができなかった。乳糖を分解する酵素のラクターゼは、哺乳中の幼児期にだけ存在し、成長にともない消失するためだ。このため、大人が大量の生乳を飲むと下痢をしてしまう。

ところが、乳の利用が広まるにつれて、大人になってもラクターゼを持つ人が増えてきた。ラクターゼを子供の時だけに限定させている仕組みが突然変異によって働かなくなったと考えられるのだ。このように、人間の方も乳を飲むことによって進化したのである。

そのため、乳をよく飲むヨーロッパや中東、西アフリカなどでは、乳糖を消化できる人が多い。一方で、乳を飲んでこなかった日本を含むアジアの人々は、大量の牛乳を飲むと下痢をしてしまう人が多い。ただし、ヨーグルトやチーズは食べても平気だ。これは、ヨーグルトやチーズを作る乳酸菌が乳糖を分解するためだ。

◎ブタの家畜化

イスラム教とユダヤ教では、豚肉はタブーとして避けられる。イスラム教では、豚肉に触れた調理器具や食器も使用しない徹底ぶりだ。また、ヒンドゥー教徒も豚肉を食べない。一方、中国で肉といえば豚肉で、中国人研究者に尋ねたら、ほぼ毎日食べると言っていた。また、日本人も豚肉をよく食べる。

このように豚肉は、一部の人々には仇敵《きゅうてき》のように忌《い》み嫌われ、好きな人々にはやたらと食べられるという変わった食品だ。

ブタはヤギ、ヒツジ、ウシとは異なり雑食性であることから、食べ物がヒトと競合してしまう。また、乳を利用することもできないし、労働力としても使えない。これらが、特定の宗教で豚肉がタブーになった理由とする説もある。

それでも、なぜブタを飼うようになったのか。

それは、ブタの並外れた繁殖力に理由がある。ブタは一度に10匹程度のたくさんの子供を産む。ヤギ、ヒツジ、ウシが1回の出産で1〜2匹の子供しか産まないのに比べて圧倒的に多い。また、ブタの妊娠期間は4カ月程度で、年2回の繁殖が可能だ。一方、ヤギ、ヒツジ、ウシは通常は年1回しか繁殖しない。さらに、生殖可能になるまでの飼育期間はウシでは15カ月なのに対して、ブタは7カ月程度と半分以下だ。つまり、餌さえ確保できればブタはどんどん増えて、とても優れた肉の供給源となるのだ。

こうした理由から、ブタはイノシシから家畜化されたと考えられる。約8000〜6000年前のことだ。イノシシは、アフリカ北部からユーラシア大陸及びアジアの島々などに広く分布しており、狩猟の対象としても重要な存在だった。このイノシシが複数の地域で独自に家畜化されてブタが誕生したと考えられている。そして、ヨーロッパや東アジア、オセアニアの島々で重要な家畜となった。

ブタの家畜化にともなって、体色が黒や褐色から白色に変わった。また、鼻も短くなり、牙も小さくなった。しかし、今でもブタと野生のイノシシは交配可能で、家畜化後も世界の様々な地域でブタとイノシシの交雑が繰り返されてきたと推測されている。

さて、以上のように食用に重要なブタだが、体の大きさや代謝などがヒトにとても似ていることから、昔から医学的に利用されてきた。例えば中世では、外科手術のトレーニングにブタが使用されていたという。一方、最近になって、ブタの心臓や腎臓、そして、インスリンを放出する膵島《すいとう》などをヒトの患者に移植する試みが盛んになっている。臓器提供者（ドナー）の不足を補うために、遺伝子を改変することで拒絶反応を起こりにくくしたブタの臓器を移植するのだ。倫理面の問題などが残っているが、将来重要な医療技術になるかもしれない。

◎放牧から遊牧へ

家畜化が進むと、動物は人に従順になって扱いやすくなる。その結果、動物をつなぎ留めたり柵の中に囲い込んだりする必要がなくなり、草原などでの「放牧」が可能になった。放牧では人が餌を集めなくてもよいので、労働力を節約できる。また、自由に動き回れるため、家畜の健康にも良かっただろう。

こうして、朝に集落を出発し、少し離れた草原で草を食べさせた後、夕方に集落に戻るという日帰り放牧が始まったと考えられる。

やがて家畜数が増えてくると、餌となる大量の草が必要になる。これをまかなうためには、集落の周囲の草地だけでは不足することもあっただろう。そのような場合には、集落から離れた草地を、家畜を連れてある程度の日数をかけてめぐる必要が生じたと想像される。これが「遊牧」の始まりだ。遊牧では、一時住まいの場所を拠点にして日帰り放牧を行い、周辺の草が減少したら次の拠点に移動することを繰り返す。農耕牧畜社会の集落から離れて遊牧生活を続けていると、独立性が高まると考えられる。こうして遊牧を専門とした集団が、農耕牧畜社会から独立することで誕生したのが「遊牧民」だと推測される。

しかし、独立したからといって、遊牧民の生活に農耕牧畜社会との交易は欠かせない。つまり、自分たちで生産できない物品を物物交換によって農耕牧畜社会から得たはずだ。遊牧民からは家畜から得た肉・乳・皮などが、農耕牧畜社会からは農産物などが提供されたと考えられる。また、異なる農耕牧畜社会の間での物品のやり取りの仲介役としても遊牧民は活躍したと考えられる。つまり、遊牧民は貿易商としての役割も担《にな》うようになったのだ。

やがて遊牧民は、ウマによる機動力を兼ね備えた騎馬遊牧民に成長していく。こうしてユーラシア大陸において誕生した騎馬遊牧民は、人類史に大きな影響力を及ぼす存在となる。一方、農耕牧畜社会は紆余《うよ》曲折《きょくせつ》を経ながら、特定の地域で大きな発展を遂げて「文明社会」を形成していく。次章では、このような古代文明における食について見ていこう。

第3章

古代の食

――食が集まるところに文明が生まれた

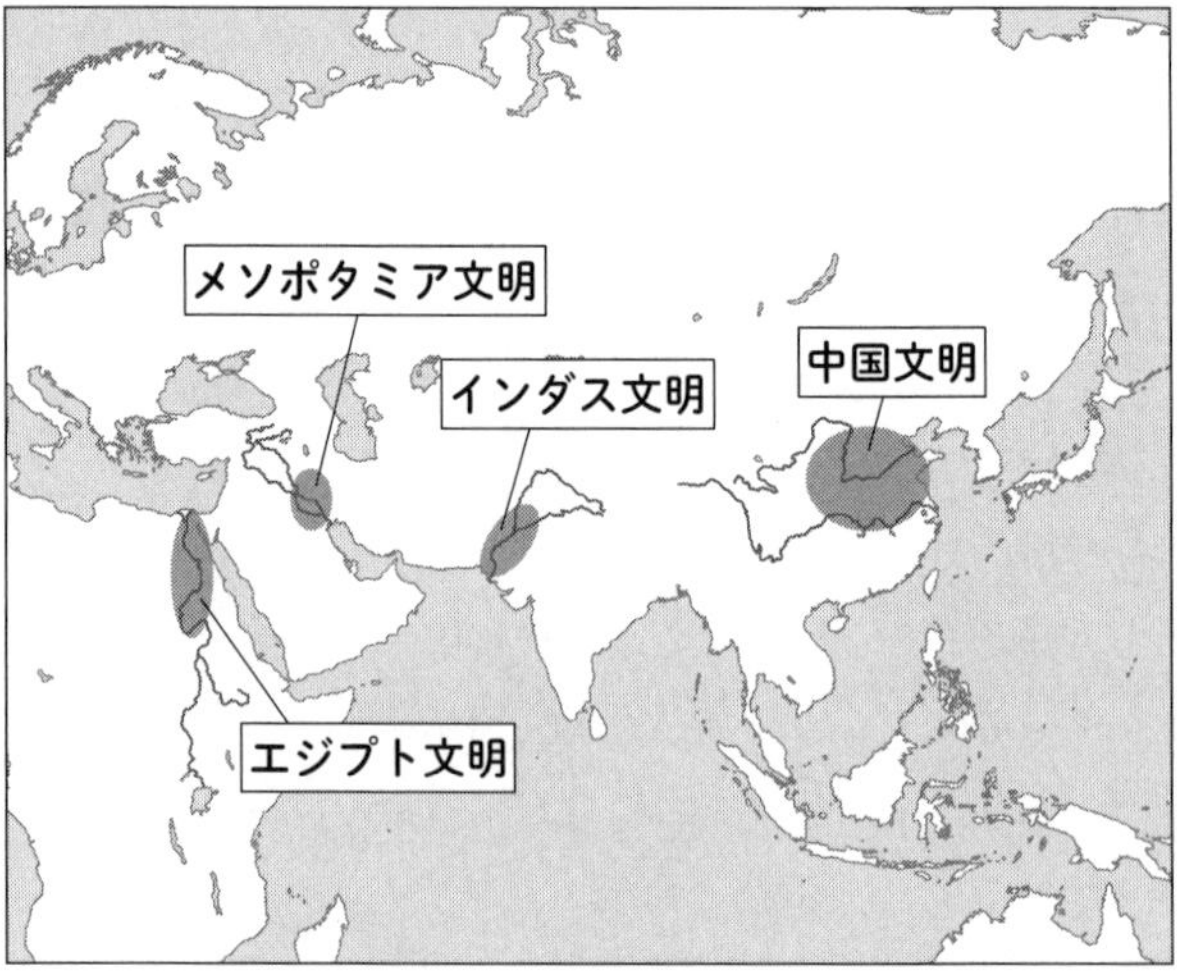

図10　古代四大文明

最初期の古代文明といえば、「メソポタミア文明」「エジプト文明」「インダス文明」「中国文明」の4つの文明だ（図10）。

メソポタミア文明は現在のイラクを流れるチグリス＝ユーフラテス川流域に紀元前3500年頃から栄えた。続いて紀元前3000年頃に、ナイル川流域でエジプト文明の第一王朝が始まった。

一方、アジアに目を向けると、現在のインド・パキスタンを流れるインダス川流域で紀元前2600年頃から紀元前1800年頃にインダス文明が栄えた。そして、中国では紀元前4000年頃から黄河と長江の流域に中国文明が始まった。

古代文明が栄えた大河流域には上流から運ばれてきた肥沃な土壌が堆積しており、水路や井戸、ため池などの灌漑《かんがい》設備を整備することで多くの食料を生産することができた。すなわち、食料を大量に生み出すことができたところに文明が生まれたのだ。

さらに、河の水は飲み水にもなるし、河に船を浮かべれば重いものでも運ぶことができる。他の地域で作られた食べ物も船で運ばれてきた。このような好条件から大河流域に多くの人々が集まり、高度な文明が築かれていったのだ。まさしく、食が文明をつくったのだ。

古代文明では職業の細分化も進み、各種の料理人やパン職人、酒を造る職人などが働いていた。また、酒や料理を楽しむ居酒屋も営業していたという。

本章では、四大古代文明やローマ帝国を中心に、古代社会の食の世界を見ていこう。

◎塩が古代文明を支えた

牧場見学に行くと、牛などが白い塊を美味しそうになめているのを目にすることがある。

この白いものは食塩（塩化ナトリウム）だ。牧草には塩の成分のナトリウムがほとんど含まれていない上に、植物に多く含まれるカリウムがナトリウムを体の外に排出してしまうため、ナトリウムが不足するのだ。そこで、食塩を与えることでナトリウムを補給しているのである。

ナトリウムは動物にとって必須のミネラルだ。ナトリウムが不足すると、腸で栄養素を吸収することができないし、心臓や筋肉を動かすこともできない。また、神経細胞も機能しなくなる。このように、動物はナトリウムがないと生きていけないのだ。

一方、現代ではナトリウムの摂《と》り過ぎに注意が必要だ。ナトリウム（食塩）の摂り過ぎは高血圧の原因になることがよく知られている。日本人の3人に1人は高血圧症だと推測されており、その最大の原因がナトリウム（食塩）の摂り過ぎなのだ。高血圧は心血管疾患や脳卒中、腎障害を引き起こす要因となるため、塩分の摂取量はなるべく減らす方が良いのである。

さて、肉にはナトリウムがたくさん含まれているため、肉を多く食べているとナトリウム不足にはならない。ところが、ヒトが農耕を始めて植物性食品を多く食べるようになったことから、塩を摂取する必要が生じたのだ。さらに、牧畜を始めたことにより、家畜に与える塩も必要になった。このような必要に迫られて、人類は塩作りを始めたと考えられる。

四大文明が起こった大河流域は、長江流域以外は雨の少ない乾燥地帯だった。このことは、塩を獲得する上でも有利だったと考えられる。つまり、海水の水分を太陽の熱で蒸発させれば、塩を比較的簡単に手に入れることができたからだ。

こうした塩作りはメソポタミアで始まったと考えられている。さらに、この地域の内陸部には塩湖や塩泉もあった。また、死海の岩塩も広く利用されていた。このため、メソポタミアでは生活に必要な塩には事欠かなかった。

一方、エジプトも塩に恵まれていた。ナイル川河口付近では、灼熱《しゃくねつ》の太陽によって海水の塩分が白く析出するそうだ。そのため、古代エジプトでも海水を用いた塩作りが行われていた。また、リビアやエチオピアの山々から切り出された岩塩の輸入も盛んだった。

一般的に岩塩は塩化ナトリウムの純度が高いため、海水から作った塩よりも良質とされた。ちなみに、悪神セトが海の神だったため、エジプトの神官は海水から作った塩を口にしなかったそうだ。

インダス文明でも、少なくとも紀元前３０００年頃には冬季の乾燥期に海岸近くの湿地帯に海水を引き込んで製塩が行われていたと考えられている。

一方、中国文明を支えたのは海水で作った塩ではなく、塩泉や塩湖から得られた塩だ。特に山西省にある解池《かいち》と呼ばれる塩湖から採取された塩は、全盛期には中国全土で使われていた塩の約7割をまかなっていたといわれている。ちなみに、『三国志演義』の英雄関羽《かんう》は解池の近くで生まれ、塩の取引に関わっていたという説もある。

このように塩を容易に手に入れることができたことが、四大文明が生まれる大きな要因になったと考えられる。

塩作りを始めた人類はやがて、塩には食べ物を腐らせない働きがあることを発見する。すなわち、様々な食物を塩で漬けることによって、長期間保存できることを見つけたのだ。

例えば、肉や魚を塩漬けにすると保存食になる。ソーセージはその典型で、紀元前1500年頃のオリエントでその原型らしきものが誕生していたという説がある。また、チーズ作りにも塩は欠かせない。これらは食料生産の乏しい季節にはとても貴重だった。

エジプトでは得られた大量の塩を使って、野菜や魚、肉など様々な食べ物の塩漬けが作られた。これらはエジプト人の食卓に上るとともに、交易品として地中海東岸などに輸出された。塩漬け食品の輸出は大規模で、長い間エジプトの経済を支えたという。

◎かまどの発明

第1章で述べたように、火を利用することで食べ物の消化吸収が良くなるとともに風味も増す。この火の利用法が進歩することも文明が成立する上で必須の要件だった。

人類が火で加熱調理を始めた頃は、たき火などの直火《じかび》が使われた。ところが、この方法では熱が周りに逃げたり、風が強いと火が揺らいだりするため効率が悪い。また、火力の調節も難しかった。

これらの問題を解決するために、土や石などで作られた「かまど」が発明された。上部に穴があいた円筒状のかまどは鍋などをのせると熱を閉じ込めることができ、下部にあいた口から送り込む空気の量を変えることで火力の調節も簡単だった。また、調理者は放射熱にさらされなくなったため、より高温で調理することができるようになり、調理時間の短縮にもつながった。その結果、大量の調理が可能になり、多くの人々の食事をまかなうことができるようになったのだ。これは、文明が成立する上でもとても重要な要因だったと考えられる。

かまどの中には、石窯と呼ばれる余熱を利用するものも作られた。石窯は石やレンガ、粘土などで作られたドーム状の形をしたものだ。この中にいったん薪などの燃料をくべて全体を加熱し、灰を取り出した後に食材を入れて余熱で調理する。石窯はしばらくの間、一定の温度に保たれることから再加熱の手間が不要で、大量調理に適している。特にパンを焼くのに最適だった。

古代文明ではかまどの発達により、調理を専門とする職人、すなわち料理人が生まれたと考えられている。また、パン焼き専用の石窯も古代メソポタミアで発明され、パン職人が誕生した。このような料理人やパン職人のように、様々な仕事を専門とする者が生まれたのも古代文明の特徴だ。

◎パンの誕生

ここで、パンの始まりについて見ていこう。

現代のパンは「発酵パン」と呼ばれる。

コムギやライムギなどの良質のグルテンを含んだ穀物を粉にして水と塩、砂糖などを加えてこねたのち、酵母で発酵させる。すると、生地は軟らかく膨らむ。これをかまどなどで焼くことでふっくらとしたパンが出来上がるのだ。

酵母は、発酵によって生地に含まれる糖分を炭酸ガスとアルコールに変える。この炭酸ガスが網目状になったグルテンの間に入ることでパンが膨らむのだ。アルコールはパンを焼く時に蒸発してしまい、出来上がったパンには残らない。

ところで、人類が最初に作ったパンは酵母で発酵させずに、ただ単に粉をこねて焼いただけの「無発酵パン」だった。このパンが最初に作られたのが紀元前6000年から前4000年頃の古代メソポタミアでのことだ。こうして作られたパンは軟らかくなかったが、水分が少ないため腐りにくく、食べたい時にすぐに食べることができたので便利だった。このように無発酵の生地を平たく伸ばして焼いたパンは、インドのナンに受け継がれたと考えられている。

無発酵パンは、古代メソポタミアでは、魚や動物などのいろいろな形の型に入れられて焼かれたようだ。また、皿の形になるように焼かれて、料理の器として利用されることもあった。この皿にはパンで作ったフタもついていたようだ。今日のパイの包み焼きの原型と言えるかもしれない。

やがて、パン生地に酵母を加えて焼いた「発酵パン」が作られるようになった。古代メソポタミア人（古代エジプト人という説もある）は、ムギを粉にしたものを煮ることで、おかゆのようにして食べていた。これを放置すると酵母と乳酸菌が繁殖して、自然に発酵が始まる。できるのは酸っぱいパン生地みたいなものだ。これを捨てずに焼いたのが発酵パンの始まりと考えられている。

このような発酵パンは当初オオムギから作られることが多かったが、次第にコムギで作られるようになった。紀元前１５００年頃の古代エジプトでのことだ。コムギには良質のグルテンが多く含まれているので、ふっくらした美味しいパンができるからだ。

古代エジプトでは様々な種類のパンが作られた。ミルクやバター、卵を入れたものや、薬草などを入れた薬用パンも作られた。症状に合った薬用パンを食べることで、病気やケガが治ると信じられていたらしい。

◎古代ギリシアと古代ローマのパン文化

オリエントで生まれたパンは古代ギリシアや古代ローマに伝えられ、洗練された食べ物に進化していく。

古代ギリシアでは人口増加による食料不足を解消するために、紀元前500年頃にエジプトからコムギなどの穀類の輸入を始めた。その際にパンの作り方とパン焼き窯が伝わったといわれている。

古代ギリシアではブドウがよく育ち、多くの良質のワインが造られていた。そのため酵母の扱いには慣れており、ブドウの発酵液を用いるなどして、発酵パンの大量生産に成功した。また、オリーブもたくさん採れたことから、オリーブオイルを使った揚げパンなども作られるようになった。

古代ローマにパンが伝わったのは、紀元前2世紀にローマ軍がギリシアへ侵攻した時だ。奴隷として連れ帰ったギリシア人によってパンの作り方がローマに伝えられたのである。そして古代ローマでパンはより洗練された食べ物になっていく。その要因となったのが、良質の小麦粉を作る技術の開発だ。

コムギはコメと異なり、薄くて固い皮がしっかりと胚乳（養分が蓄えられている粒の部分）にくっついている。そのため、小麦粉を作る時には皮が付いた胚乳《はいにゅう》をそのまま臼《うす》でひくことになるが、口当たりの良いパンを作るためには、コムギを細かく均一に粉砕した上で固い皮の破片を取り除く必要があるのだ。

古代ギリシアでは、現代でも使われているカーンと呼ばれる回転式の石臼が発明され、均質な小麦粉の大量生産が可能になった。さらに古代ローマではウマのしっぽの毛を使った「ふるい」が発明され、固い皮を取り除くことができるようになったのである。こうしてそれまでになかった良質の小麦粉を大量に作ることができるようになり、美味しいパンをたくさん焼くことができるようになったのだ。

古代ローマ時代にはこのような美味しいパンを焼く製パン所が次々と建てられた。最盛期のローマ市内には200を超える製パン所が稼働し、西暦120年頃から市民へのパンの配給も行われたという。まさに古代ローマはパン文化が花開いた文明だったのだ。

◎酒の誕生

酵母を使って作る食品にはパン以外に酒がある。そこで、次は酒の始まりを見ていこう。

人類が飲んだ最古の酒は蜂蜜酒だと考えられている。約1万年以上前に、水で薄まった蜂蜜に酵母が入ることで自然に生まれたと考えられている。現代でも多くの種類の蜂蜜酒（ミード）が販売されているが、元になる花の蜜の違いによって風味が全く異なるので、飲み比べてみるのも楽しいだろう。

次に古い酒がワインだ。紀元前5400年頃の肥沃な三日月地帯の遺跡から、ワインが入れられていた壺《つぼ》が見つかっている。そして、紀元前4000年頃にはメソポタミアにおいてワインの本格的な醸造が始まったと考えられている。その頃の醸造法は、壺の中にブドウを詰め、粘土でフタをして発酵させるというものだった。ただし、メソポタミアの南部ではブドウは育たないため他の地域から運んでくるしかなく、当時は希少かつ高級な飲み物だった。

一方、メソポタミアからワインの醸造法が伝わったエジプトでも、紀元前3000年頃までにワインが造られ始めた。エジプトではブドウがよく育つことから、当時の王侯貴族はこぞってブドウ園を経営し、ワインの醸造を行ったという。ツタンカーメン王の副葬品の壺からもワインが見つかっていることから、古代エジプト人はかなりのワイン好きだったようだ。

一方、ビールは、オオムギの粥《かゆ》が自然の酵母によって発酵して生じたものが起源と考えられている。紀元前4000年頃にはメソポタミアで本格的にビールが飲まれていたらしい。当時は、オオムギでパンを作り、それを砕いて水の入った壺に入れておくことでビールの醸造が行われた。紀元前3000年頃のメソポタミアの粘土板には、そのようなビールの造り方が記されている。

古代メソポタミア人は三度の食事と一緒にビールを飲んだ。現代人の水や茶の代わりだ。アルコールには防腐作用があるため、生水よりもずっと保存がきくから安全だったのだ。ちなみに、大航海時代の船では飲料水の代わりにワインやビールを積んでいた。このように酒には単なる楽しみ以外の実用的な存在意義があったのだ。

古代エジプトでは、ピラミッド建築の労働者たちに報酬としてビールが支給されていたという。また、様々な病気やケガを治療するための飲み薬や塗り薬としても利用されていた。発酵によって酒ができることに神秘の力を感じて、それにあやかろうとしていたのかもしれない。

古代メソポタミアと古代エジプトでは、ナツメヤシから造ったナツメヤシ酒もよく飲まれていた。酒のランクとしては、ビールより高級でワインより低級という感じだったようだ。エジプトでは、紀元前1300年頃にナツメヤシの蒸留酒も売られていたそうである。

一方、中国の酒造りは紀元前5000年頃に、コメを原材料にして始まったと考えられている。最初の酒は、桑の葉でご飯を包み発酵させたものであったとされる。

紀元前2000年頃から紀元前1500年頃の中国最古の王朝だった夏《か》では、酒造りが本格的に開始されていたようだ。さらに、次の王朝の殷《いん》の時代（紀元前1500年頃～紀元前1046年頃）には、麹菌《こうじ》を使用して酒が造られるようになった。麹菌はコメのデンプンを分解して糖を作る。この糖を酵母がアルコールに変えるのだ。

ところで、夏や殷の滅亡の原因を、王侯貴族の酒の飲み過ぎとする説がある。当時の酒器には青銅器が使われていたが、ここにヒ素が含まれることがあり、酒に溶け出すことでヒ素中毒になってしまったということだ。ちなみに、銅の酸化物である緑青《ろくしょう》は猛毒であると信じられていた時期があったが、現在では緑青の毒性は高くないことが証明されている。

殷の次の周王朝（紀元前1046年頃～紀元前256年）では、夏と殷での暴飲を教訓として禁酒政策が採られた。貴族に節酒が命じられるとともに、庶民が集まって飲酒をすることも禁じられた。もし集団での飲酒が見つかると、死刑になるほど厳しいものだったそうだ。

日本での本格的な酒造りは、稲作が軌道に乗った弥生時代以降と考えられているが、正確な開始時期については諸説あり固まっていない。なお、日本で最初に造られた酒は「口嚙《くちか》み酒」と考えられている。この醸造法では、コメを嚙むことで唾液中のデンプン分解酵素を働かせて糖を作り、酵母によるアルコール発酵を行わせる。アニメ映画『君の名は。』でヒロインが造っていた酒だ。

やがて、麴菌を使った醸造法が大陸から伝わり、広く普及した。奈良時代には酒造りのための役所が設けられ、計画的な酒造りが行われていたことが分かっている。

◎酵母の栽培化

パンや酒を作るために利用されてきた酵母は、人類の生活や文化に必要不可欠なものだ。

それでは、酵母とは何物だろうか。

実は、酵母とは単一の種類の微生物ではなく、カビやキノコなどの仲間のうちで、1つの細胞だけで独立に生活するもの（単細胞生物）の総称だ（図11）。現在までに約1500種の酵母が知られているが、この中で食品に利用されているものはほんの数種類だ。特にパン酵母、ビール酵母、ワイン酵母、清酒酵母はすべて「サッカロマイセス・セレビジエ」という同じ種類の酵母だ。

近年の研究から、食品に利用されている酵母は野生に存在しているものではなく、長い年月をかけて人為選択による品種改良が進んだ結果生み出されたことが分かってきた。つま

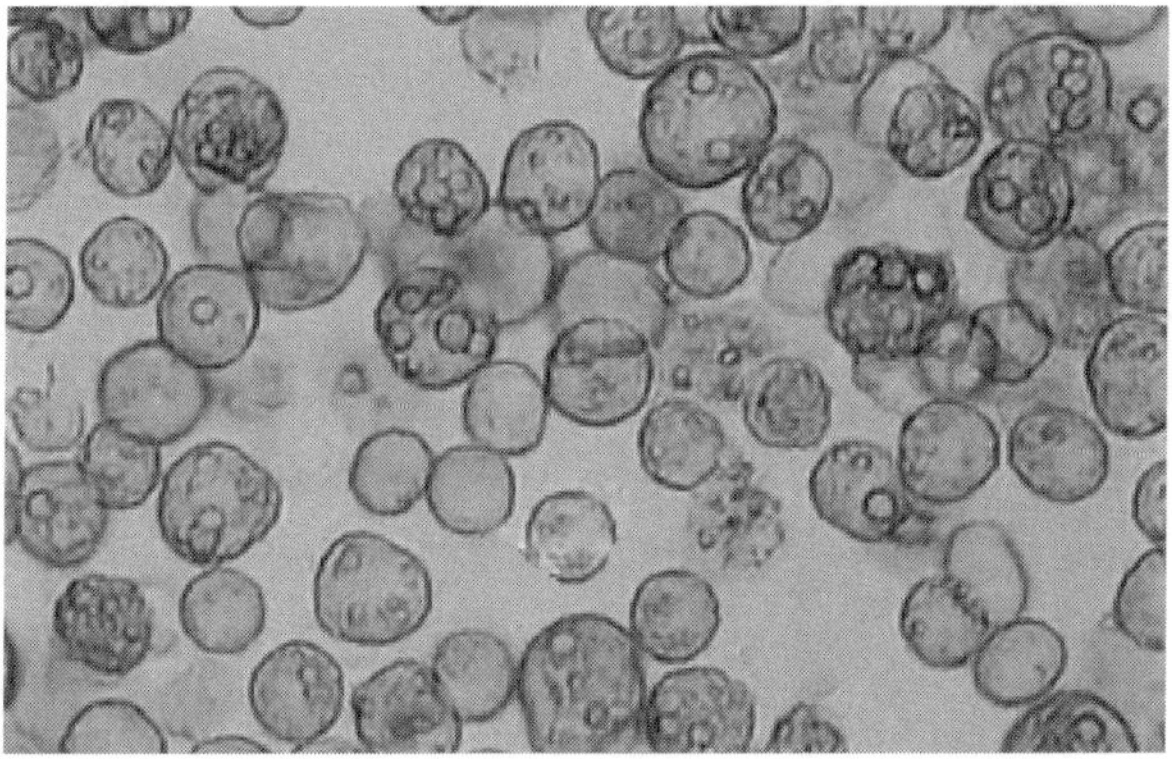

図11　酵母

り、ムギやイネなどと同じように「酵母の栽培化」が行われたのだ。

研究によると、サッカロマイセス・セレビジエは約30万年前に中国で生まれた。そして約1万5000年前に中国から世界各地に広がる。おそらくヒトの体に付着して運ばれたのだろう。そして、それぞれの土地の発酵食品に合うように品種化が進んだと考えられている。

食用酵母は炭酸ガスとアルコールを作るだけでなく、様々な有機物を作ることで、食品の味や香り（風味）などに深く関わっている。食品ごとに好ましい風味は変わるため、それぞれの食品に合うような酵母が人為選択されてきたのだ。その結果、人類が利用している食用酵母には性質が異なる多くの品種が存在するようになった。

例えばビールでは「フェノール臭」というにおいが好ましくないとされている。中でも、4-ビニルグアイヤコール（4-VG）と呼ばれる物質の生成はフェノール臭の主な原因となるため、特に嫌われている。パン酵母、ビール酵母、ワイン酵母の遺伝子を比較したところ、面白いことにビール酵母では4-VGを作る酵素がほとんど働かなくなっているのが見つかった。これはビールに合った酵母が人為選択された結果であると考えられている。

このように、食用酵母はヒトと特別な関係を結ぶことで、独特の進化の歴史をたどってきたのである。

◎カレーの誕生

インダス文明が栄えたインドで現在よく食べられている料理といえばカレーだ。それでは、カレーはいつ頃誕生したのだろうか。

カレーの最大の特徴は複数の種類のスパイスを使うことだ。一般的にカレーには、コショウ、シナモン、ターメリック、ジンジャー（ショウガ）、クミン、コリアンダー（パクチー）、トウガラシ（チリペッパー）などのスパイスが使用される。

コショウはインドの南西部が原産地と考えられており、この地域では古くから料理に使用されていた。シナモンはほのかな甘味のある独特の香りと多少の辛みが特徴的なスパイスで、こちらもインドが原産地で、非常に古くから使用されてきた。

また、ほろ苦い味のする黄色のスパイスのターメリックとジンジャーもインド原産だ。これらはともに、紀元前２５００年頃のインダス文明の遺跡で発掘された人骨の歯石から見つかっていることから、この時代からすでに人々の口に入っていたと推定される。

一方、独特の芳香があるクミンとコリアンダーは地中海沿岸が原産で、古代オリエントで広く使用されていた。古代メソポタミアの記録によると、紀元前２３００年頃からメソポタミア文明とインダス文明の間で海上交易が行われていたことが分かっており、この交易によってクミンとコリアンダーはインダス文明にもたらされたと考えられている。逆にコショウとシナモンはインダス文明からオリエントに輸出された。ちなみに、シナモンはエジプトでミイラの防腐剤に使用されていたという。

以上のように、コショウ、シナモン、ターメリック、ジンジャー、クミン、コリアンダーについてはインダス文明で使用されていたと考えて間違いない。インドの北部でよく食べられるあまり辛くないカレーはこれらのスパイスで作られることから、インダス文明でそれに近いものが食べられていた可能性は高いと考えられる。

一方、カレーの辛味の素となるトウガラシは中南米原産だ。そのため、トウガラシがカレーに使用されるのは新大陸発見以降まで待たなければならない。

さて、カレーはとても人気のある食品だが、どうしてこんなに好まれるのだろうか？

その理由の一つはカレーの香りだと考えられる。一般的ににおいは感情に直接働きかけることが知られている。カレーでは複数のスパイスが組み合わされることで独特の香りが生まれ、これが脳を強く刺激することで、快感や幸福感を生み出していると考えられている。その結果、人々はカレーのとりこになるのだろう。

◎灌漑農業の行き詰まり

順調に船出した四大文明だったが、その後の存続という意味では明暗が分かれた。その要因となったのが「塩害」だ。

川の水には少しばかりの塩が含まれている。この塩を含んだ水を用いて灌漑を行っていると土壌中に塩が蓄積されていく。特に乾燥地帯では、強い日光によって水路の水が蒸発することで塩分が濃縮されるのだ。

こうして土壌中の塩分濃度が高くなると作物は育ちにくくなる。例えばイネは塩分濃度が0・2パーセント以上になると生育が悪くなる。一方、ムギ類は比較的塩分に強いが、それでも塩分濃度が0・5パーセントを超えると耐えられない。また、コムギはオオムギよりも塩分に弱い。

このようにして塩害が進んだ地域では食料の生産量が減少し、多くの人口を養うことができなくなる。その結果、地域の勢力が衰え、周辺勢力によって征服されてしまうことになるのだ。

その典型がメソポタミア文明だ。灌漑農業によって繁栄を極めたメソポタミア文明（紀元前3500年頃〜紀元前2000年頃）だったが、紀元前2500年頃から乾燥化が進んだことから、塩分が土壌にどんどん蓄積していった。その結果、作物の生産量が減少し、やがて衰退の道をたどることになったのだ。

チグリス・ユーフラテス川下流域では土壌中の塩分濃度が上昇するにつれて、コムギの割合が減っていった。当時の記録によると、紀元前3000年頃にはオオムギとコムギの割合は同じくらいだったが、その500年後にはコムギの割合は5分の1になり、紀元前200

0年頃にはコムギはメソポタミアでは育たなくなった。それと同時に収穫量が激減し、紀元前2000年頃には紀元前3000年頃の半分にも満たない収穫量まで落ち込んでしまったのだ。

このようにしてメソポタミア文明の灌漑農業は塩害により次第に行き詰まり、国力が低下した結果、他民族の侵入を許すようになる。そして紀元前1900年頃には、それまでの文明は滅亡し、遊牧民のアムル人によってバビロン王朝が建てられた。この王朝では「目には目を、歯には歯を」で有名なハンムラビ王（在位：紀元前1792年頃～紀元前1750年頃）などが統治を行った。その後、メソポタミアは北方のヒッタイト（紀元前1600年頃～紀元前1200年頃）によって支配され、チグリス・ユーフラテス川下流域はオリエントの地方都市の一つになってしまう。

一方、エジプトではナイル川の氾濫水が豊富にあったため塩害は起こらず、農産物の生産量も維持された。しかし、オリエントで勢力を拡大した他国により次第に干渉を受けることになる。やがて紀元前663年に、チグリス川上流地帯を起源とするアッシリアが鉄製の戦車と騎馬を使った強い軍事力によってメソポタミアとエジプトを含むオリエント世界を統一し、史上初の王国を樹立した。その後、紀元前525年には、遊牧民国家のペルシア帝国

（アケメネス朝）がオリエントの支配者となった。

　アジアに目を向けてみると、インダス文明は紀元前１８００年頃から衰退期に入り、紀元前１５００年頃に滅亡する。しかし、その原因はよく分かっていない。その後、遊牧民のインド・アーリア人が侵入し、紀元前６世紀頃にガンジス川流域に都市国家を建設する。

　一方、中国文明は存続し続け、夏・殷・周・秦などの国家が支配者となる。存続の理由として、黄河の治水が比較的うまく進んだことと、広大な森林の豊かな資源を利用できたことなどが考えられている。

◎古代ローマの繁栄

　紀元前8世紀頃から、地中海東部の沿岸ではポリスと呼ばれる大小の都市国家が繁栄していた。ポリスはお互いに競合しながらも言語と宗教が同じで、共同でオリンピックを開催するなど共通性の高い古代ギリシア社会を形成していた。

　やがて、ギリシア北部の遊牧民国家マケドニアが勢力を拡大する。そして、紀元前３３０年頃にはマケドニアのアレクサンドロス大王が東方遠征を行い、ペルシア帝国を滅ぼしてギ

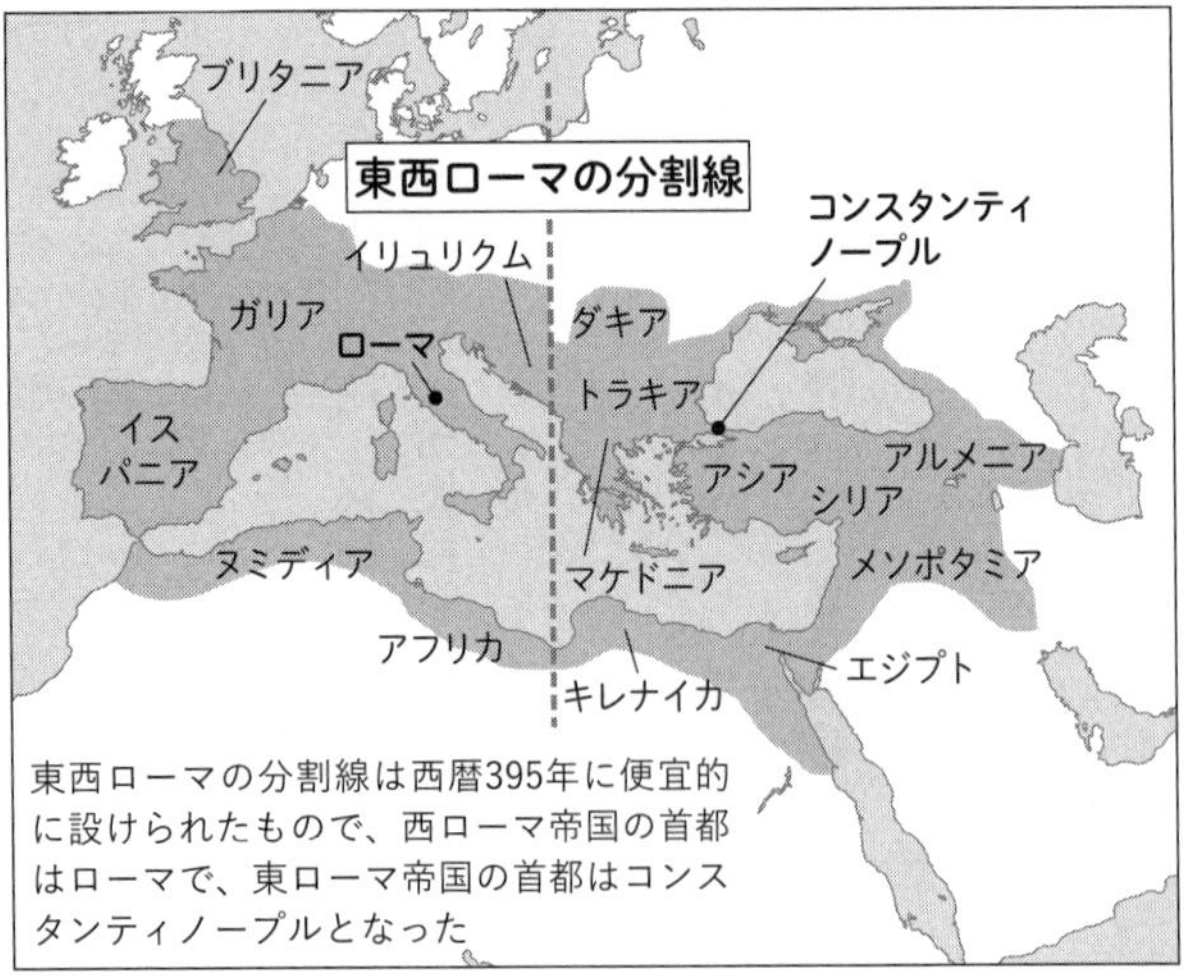

東西ローマの分割線は西暦395年に便宜的に設けられたもので、西ローマ帝国の首都はローマで、東ローマ帝国の首都はコンスタンティノープルとなった

図 12　ローマ帝国の最大領土

リシアからオリエントにまたがる大帝国を建設した。しかし、アレクサンドロス大王の死後、マケドニアは弱体化した。

　それに代わって地中海で勢力を拡大したのが古代ローマだ。紀元前７５３年に建国された古代ローマは紀元前２７２年にイタリア半島を統一すると、西暦に変わるまでにエジプトを含む地中海全域を支配した。古代ローマはその後も領土を広げ、最盛期の２世紀には、オリエント、アフリカ北部、イベリア半島、ガリア（現在のフランス）、ブリタニア（現在のイングランド）など広大な領土を有するまでになった（図12）。

　古代ローマは美食で有名であり、その食卓には様々な食材から作られた色とりどりの料理が並べられたという。古代ローマ人は征服した土地の食べ物を取り入れることが一般的であり、領土拡大の原動力となったものの一つが、新しい食べ物を手に入れたいという食いしん坊の気質だったとも考えられるのだ。

ここからは、そのような古代ローマの食の世界を見ていこう。

◎古代ローマのハムとソーセージ

古代ローマでよく食べられた肉といえば豚肉だろう。ブタは繁殖力が強く、餌を与えておけばたくさん子供を産んでどんどん増えていく。そして、皆が知っている通りとても美味しい。宗教上のタブーはなかったし、農耕や輸送には使用できないので食べるしかない。豊かになった古代ローマではブタとともに近縁のイノシシも捕まえられ、肥育されて食べられた。

冷蔵庫や冷凍庫がなかったので、すぐに食べない食材は長期保存するために塩漬けにされた。一般的に、塩分濃度が５％を超えると細菌は繁殖できなくなり、15％を超えると死滅すると言われている。

ブタやイノシシのモモ肉を塩漬けにしたのが「ハム」で、古代ローマ人はハムをよく食べた。塩漬けしたモモ肉は、そのまま乾燥させる場合と加熱したり燻製《くんせい》にする場合があり、前者のそのまま乾燥させたものを「生ハム」と呼んでいる。

ハムが世界のどこで最初に作られたかは定かではないが、紀元前3500年頃のオリエントや紀元前4000年頃の中国ではすでに生ハムが作られていたと考えられている。オリエントの生ハムはその後、古代ギリシア人や古代ローマ人に伝えられた。古代ローマでは、塩漬けしたモモ肉は乾燥させ、酢と脂を塗って完成させたらしい。

古代ローマで有名だったのがパルマの生ハムで、紀元前100年頃の記録には「豚の後肢《あとあし》に少量の脂を塗って乾燥させると全く腐敗することなく熟成される。それは美味なる肉となり、その後しばらく食べ続けることができ、芳《かぐわ》しい香りも衰えない」と記されている。現代でもパルマは生ハムの産地としてとても有名で、「プロシュット・ディ・パルマ（パルマハム）」は世界三大ハムの一つに数えられる。とにかく、イタリアの人々は古代ローマの時代からハムが大好きなのだ。

一方、ソーセージも古代ローマ人が大好きな食べ物だった。4世紀の中頃にキリスト教を公認したコンスタンティヌス帝が贅沢《ぜいたく》だと言ってソーセージを禁止する法律を出したが、ソーセージの密造がいたるところで行われ、全く効果がなかったそうだ。

ソーセージも、刻んだ肉と塩を混ぜて袋状の物（ケーシング）に詰めて作られる塩蔵品の一つだ。ソーセージの語源は、「塩漬けして貯蔵された肉」を意味するラテン語「salsus」だといわれている。

ソーセージもいつどこで作られ始めたかははっきりしないが、紀元前8世紀頃に成立したとされるホメロスの『オデュッセイア』に「脂身と血をつめたヤギの胃袋」とあり、これはブラッドソーセージの一種だと考えられている。ブラッドソーセージは家畜を余すところなく食べるために、ひき肉や内臓、脂肪などとともに血液を腸に詰めたもので、現代でも人気がある。

古代ギリシアでは、広場に並んだ出店でソーセージが売られていたといわれている。古代ローマになると、ソーセージの種類が増えるとともに、それまでは焼くだけだったのが、ゆでたり煮たりなど新しい食べ方も登場した。

古代ローマの調理法を集めた『アピキウス』には、ブラッドソーセージをはじめとする複数のソーセージの作り方が記されている。材料には血やひき肉の他に、西洋ネギやコショウ、松の実、ローリエ（月桂樹の葉）も使われており、今食べてもとても美味しいに違いない。

◎古代ローマ人が愛した調味料ガルム

古代ローマの食事を語る上で「ガルム」ははずすことができないものだ。ガルムは現代の日本の醤油に相当するもので、食材というよりは調味料というのが適切だろう。古代ローマ人はこのガルムをいろいろな食材につけて食べたり、料理やワインの風味付けに利用したりした。

ガルムは魚を塩漬けにして発酵させた魚醤の一種で、日本のしょっつるやタイのナンプラー、ベトナムのニョクマムの仲間だ。魚醤《ぎょしょう》は、魚を塩で漬け込み、長期間発酵させることによって作られる。発酵中に、魚のタンパク質が魚の身に含まれる消化酵素によって分解されてアミノ酸になり、独特の旨味《うまみ》が生まれるのだ。大豆タンパクが分解されることでできる醤油は旨味となるアミノ酸――グルタミン酸やアスパラギン酸が豊富だが、魚醤にもこれらが多く含まれており、旨味の中心となっている。魚醤の成分の特徴として、少し苦味のあるアミノ酸のリジンとアルギニンを多く含んでおり、これらが独特の「コク」を生み出していると考えられている。

ところで、このリジンは人が体の中で作ることができないため、食べ物から補給しなければならない（このようなアミノ酸を必須アミノ酸と呼ぶ）。古代ローマ人はパンをよく食べたが、コムギなどの穀類にはリジンが少ないという特徴がある。そのため、パンばかり食べているとリジン不足に陥る。古代ローマでは兵士たちに水で割ったガルムを飲ませていたというが、欠乏しやすいリジンを補って体の状態を良くするという効果に気づいていたのかもしれない。

さてここで、西暦2世紀に記されたガルムの作り方を紹介しよう。
①サケやウナギ、イワシ、ニシンなどの脂が多い魚と乾燥ハーブ、そして塩を用意する。
②30リットル程度の防水の壺を用意し、その底にハーブを敷き詰める。
③その上に小さい魚は丸ごと、大きい魚は細切れにして層になるように敷き詰める。
④その上に塩を2センチ程度の厚さになるように加える。
⑤このように3つの層を交互に積み重ね、壺のてっぺんまで満たしてフタをする。
⑥7カ月間置く。
⑦フタを開けて20日間、毎日よくかき混ぜる。

⑧中身を漉《こ》して、したたり出てきた液体を集めて出来上がり。

なお、ガルムを搾った後のカスは「アレック」と言い、これも料理に使用された。ガルム作りには魚の内臓もよく使われたようだ。なお、ガルムを作っている間はひどい臭いがするため、ガルムは人の少ない郊外で生産した。イベリア半島などの新鮮な魚が手に入りやすい海岸付近には、ガルムを大量に生産する工場がたくさん作られたそうだ。

出来上がったガルムは、専用のアンフォラ（陶製の壺）に入れられて輸送された。リヨン湾に沈んだ古代ローマ時代の輸送船の調査から、少なくとも紀元前5世紀にはガルムの輸送が行われていたことが分かっている。

ガルムには王侯貴族向けから奴隷用までのいろいろな等級があり、等級の高いガルムには高値が付いた。カエサルの時代には、3リットルで500セステルティウス（約50万円か）のガルムがあったそうだ。まるで現代の高級酒のようだ。

◎古代ローマ人の酢の話

古代ローマ人が日々の生活でよく飲んでいた飲料に「ポスカ（posca）」と呼ばれるものが

ある。これは酢を水で薄めたもので、ハーブで風味付けをすることもあったようだ。町にはポスカを売る屋台が出ていて、喉が渇いたら買って飲んだらしい。現代の清涼飲料水に相当するものと考えてよいだろう。

大プリニウス（23〜79年）の『博物誌』によると、エジプトの女王クレオパトラは、ローマの三頭政治の一人アントニウスを歓待する宴席で豪華さを演出するために、国宝級の真珠を酢に溶かして飲んで見せたということである。

それに先立つ古代ギリシアでも、水に酢と蜂蜜を混ぜて作った「オキシクラット（oxycrat）」と呼ばれる飲み物があり、これもよく飲まれていた。また、酢は健康に良いという考えが「医学の父」と呼ばれる古代ギリシア人のヒポクラテス（紀元前460年頃〜紀元前370年頃）によって広められ、呼吸器疾患や傷の治療などに使われたそうだ。

さて、ヒトは古くから酢を造ってきた。紀元前5000年頃のメソポタミアでは、ナツメヤシや干しブドウから酢を造っていたという記録が残っている。エジプトのファラオの時代の花瓶には酢を造っている様子が描かれており、また旧約聖書にもワインで造った酢の記述がある。

酢は通常は5パーセントほどの酢酸の溶液であるが、ほとんどの微生物は0・5パーセント以上の酢酸の存在下では生育することはできない。そのため酢は食べ物を保存するのに使われたり、飲み水を殺菌するのに使われたりした。古代の旅行者は酢を携帯していて、行く先々で水に酢をたらして殺菌してから飲んでいたらしい。また、傷の消毒や体を清めるのにも使用されていた。

酢は調味料としても重要だった。例えば料理書の『アピキウス』の多くのレシピにも酢が使われている。古代ローマの正餐《せいさん》であるケーナでは、酢を入れたボウルがテーブルの上に置かれていて、パンをそこに浸して食べたそうだ。また、古代ローマ人はフライした魚を酢に漬けて作る「マリネ」を生み出したといわれている。

古代には酢の他には塩くらいしか調味料はなく、多くの料理で酢と塩が組み合わされて使われていた。例えばオリーブオイルに酢と塩を混ぜ合わせて作ったドレッシングは、古代から現代にいたるまでいろいろな野菜の風味付けに使用されている。ローマ軍では戦いの前に、ニンニク、タマネギ、ヤギのチーズとコリアンダーで作ったサラダに、オリーブオイル・酢・塩で作ったドレッシングをかけて食べるのが習わしだったそうだ。

ところで、塩味と酸味が組み合わさると、お互いの刺激的な味を弱めて全体としてまろやかな味になることが知られている。これは「味の抑制効果（相殺効果）」と呼ばれ、漬物やすし酢などが美味しいのはこのせいだ。先のドレッシングが古代から使い続けられているのも、この塩味と酸味の抑制効果によるところが大きいと考えられる。

◎ローマは果物の帝国

現代のイタリアは果物の一大産地である。リンゴ、洋ナシ、モモ、サクランボ、メロン、ブドウなどは世界でもトップクラスの生産量を誇る。土壌や気候が果実の栽培に適していることもあるが、古代ローマ時代からイタリア半島の人々が果物を育てることに並々ならぬ情熱を傾けてきたことも、その大きな要因になったと思われる。

実は冒頭に掲げた果物は、古代ローマの時代から栽培が続けられてきたものだ。古代ローマ人は様々な果物の品種改良を進めるとともに、それぞれの果物に適した栽培技術を確立していった。この栽培技術の中でももっとも重要なものが「接《つ》ぎ木《き》」だ。

接ぎ木（greffe）の語源は、短剣を意味するギリシア語の「graphion」だとされる。接ぎ木では、芽を付けた小枝が基の部分で斜めに切られて短剣のようになったものが、あらかじめ裂いておいた樹の幹か枝に差し込まれるため、このような命名になったと考えられる。

接ぎ木で差し込まれる方の木を台木《だいぎ》と呼び、差し込む方を穂木《ほぎ》と呼ぶ。接ぎ木をすることで、丈夫さや水分・栄養分の高い吸収力という台木の長所と、美味しい実をつけるという穂木の長所を併せ持った木を得ることができる。つまり、土壌に合わない木でも適当な台木が見つかれば栽培できるのである。

また、接ぎ木によって同じ性質を持つクローンをどんどん増やすことができるので、良い果実をつける樹を一つ見つけるだけで、その果実を大量に収穫できるようになるという利点もある。

このように接ぎ木はとても優れた栽培法であるため、現代の日本ではほとんどの果樹栽培で接ぎ木が利用されている。ちなみに、日本一有名な桜のソメイヨシノも江戸時代に誕生した1本の樹を接ぎ木によって増やしていったものであり、すべてのソメイヨシノの樹が同じ遺伝子を持つクローンだ。

接ぎ木がどこで始まったのかは定かではないが、語源にもなっているように、少なくとも古代ギリシアではすでに始まっていたようだ。しかし、接ぎ木の技術を飛躍的に進歩させたのは古代ローマ人であり、彼らによって現代でも通用する接ぎ木の技術が確立されたと言っても過言ではない。ローマ初の公共図書館を作ったウァロは、接ぎ木の技術を活用したため、イタリア半島は広大な果樹園になったと書き残している。

古代ローマには果物屋があり、どんな人でも簡単に果物を手に入れることができた。果物は生で食べたり、ジャムにしたり、料理の具材に使われたりした。豚肉のシチューに角切りにしたリンゴを加えて、さっぱりとした酸味を効かせた、いかにも美味しそうなレシピも残されている。

古代ローマの主要な食事のケーナは「卵で始まり、リンゴで終わる」といわれたように、リンゴは古代ローマ人にとても愛された果物だった。ただし、古代から中世にかけて栽培されていたリンゴは直径３センチほどの小さなもので、今のような大きなリンゴは16世紀になってイギリスで生まれた。これが移民とともにアメリカに広まり、品種改良がさらに進められた結果、今のような甘くて大きなリンゴになったのだ。

◎ハーブと香辛料

古代ローマの料理には大量のハーブや香辛料が使われていた。また、ガルムにも大量のハーブと香辛料が入れられていた。そのため、現代のイタリア料理やフランス料理などと比べるとかなり味が濃く、香りも強かったと想像される。

このように古代ローマ人が愛したハーブと香辛料について見ていこう。

まずはハーブだ。ハーブは主にイタリア半島や近隣の支配地で自生あるいは栽培されたものが使用されていた。古代ローマ人は、セロリ、ローリエ、バジル、ミント、コリアンダー（パクチー）、タイムのような私たちが今日でも口にすることのあるハーブや、ラビッジ（セリ科の植物）やヘンルーダ（ミカン科の植物）のような今ではほとんど使われなくなったハーブ、そして古代ローマ人が絶滅させてしまったラーセルピティウムなど多くの種類のハーブを料理に使用していた。

ラーセルピティウムは古代ローマ人にとても人気のあったハーブで、高値で取引されていたらしい。もともとは北アフリカにたくさん自生していたが、栽培が不可能で、古代ローマ人が大量に採取したために一株を残して絶滅してしまった。そして最後の一株は第5代皇帝のネロ（在位54～68年）が食べてしまったという。

現代でもよく使われているマスタードとクミン（現代のトルコ料理やスペイン料理、インド料理によく使われる香辛料）は古代エジプトの時代から栽培されている香辛料で、古代ギリシアを経由して古代ローマに持ち込まれたと考えられている。そして、古代ローマ人によって多用されるようになり、さらに属州だったガリア（フランス）やスペインなどにも広められた。

西暦1世紀になると、ローマ帝国はオリエント（メソポタミアやエジプト）を含む広大な支配地を獲得する。支配下に置かれたオリエントは、紀元前2300年頃からインダス文明などのインド亜大陸との交易を行っていた。一方、内陸部にはシルクロードをはじめとする中国と中央アジア、そしてオリエントを結ぶ陸の交易路が存在していた。このような海と陸の巨大な交易網をローマ帝国が利用できるようになったのだ。

オリエントを支配した古代ローマ人はこの交易網を使って、コショウをはじめとする香辛料をインドから大量に購入するようになった。そして、その代価として大量の金貨を支払ったのだ。大プリニウスは『博物誌』において、ローマ帝国は香辛料などのために、年間に少なくとも1億セステルティウス（1000億円くらい？）を支払っていると記している。現在、インドの各地から古代ローマ時代の金貨などが出土していることからも、当時の交易がとても盛んであったことが分かる。

このようにハーブや香辛料を大量に消費した理由の一つとして、病気の予防や治療にハーブや香辛料を多用していたことがある。つまり、ハーブや香辛料は薬だったのだ（実際に、ヨーロッパでは近代までハーブと香辛料は薬屋で売られていた)。

当時主流となっていた医療は食事療法と呼ぶべきもので、病気や症状ごとに食べるべきハーブや香辛料が決まっていた。例えばミントは、扁桃腺《へんとうせん》の腫れや鼻づまり、吐き気に効くとされた。このような考え方が古代ローマ時代から近代にいたるまで、西洋医学の根幹を成していたのである。

確かに、ハーブや香辛料に含まれる成分には自律神経系に働きかけて心拍や血圧、体温などを変化させるものがある。このような作用から古代ローマの人々はハーブや香辛料は健康に良いと考えるようになったのだろう。しかし実際には病気を治す効果はほとんどなかったのだが、それが分かるのは近代になってからだ。

◎寒冷化とローマ帝国の滅亡

栄華を極めた古代ローマだったが、西暦395年に西ローマ帝国と東ローマ帝国に分裂したのち、西ローマ帝国は西暦476年にゲルマン民族の大移動によって滅亡した。世界史では、この滅亡をもって古代が終わり、中世が始まるとされる。

西ローマ帝国の滅亡の根本的な原因が、4世紀後半から始まった世界的な寒冷化だ。この寒冷化によって世界各地で作物が不作になったことが、民族の大移動を引き起こしたのだ。

そのきっかけをつくったのが、現在のロシア西部に居住していた騎馬遊牧民のフン族だ。彼らが食料を求めて西に移動し、ゲルマン民族を襲撃したのである。襲撃を受けたゲルマン民族は西ローマ帝国内へと逃げ込み、助けを求めたが、同じように食料不足だったローマ帝国は十分な支援を行うことができなかった。そうして不満を爆発させたゲルマン民族が西ローマ帝国で暴動を起こすようになり、これが西ローマ帝国滅亡の直接の原因になったのだ。このように、栄華を極めた大帝国も食料不足という大敵には為すすべがなかったのである。

西ローマ帝国が滅びた後の中世ヨーロッパでは、しばらくの間混乱が続いた。一方、中東のイスラム世界では、科学技術や経済、そして食の文化が大きく発展する。次章では、このようなイスラムの食を始めとする中世の食の世界を見ていこう。

第4章
中世の食
——食の貧しさがイスラム国家を誕生させた

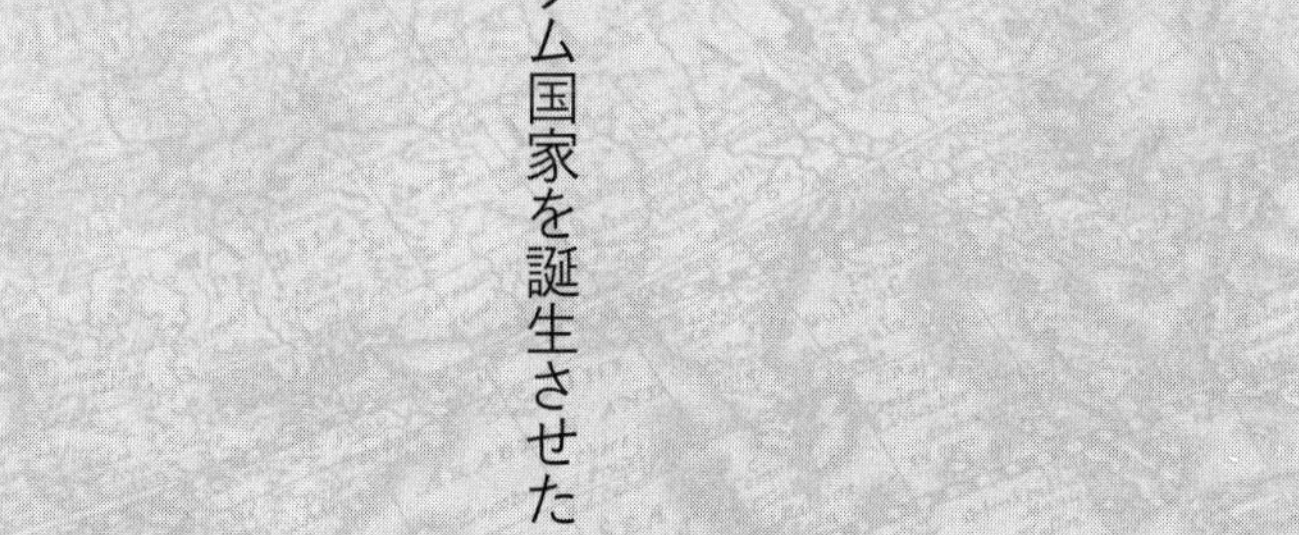

「中世」という言葉は、もともと17世紀のヨーロッパの歴史学者が言い出したもので、ローマ時代を「古代」とし、ルネサンス以降を「近代」として、その間をつなぐ時代が「中世」となる。このような形で時代を区分する根底には、ギリシア・ローマ時代の古典文化がヨーロッパ文化の基礎となっており、古典文化の復活（ルネサンス）を素晴らしいものととらえる考え方があった。そして中世とは、素晴らしい2つの時代の間に横たわる「暗黒時代」とみなされたのである。

しかし、ヨーロッパにとってこの時代は、ギリシア・ローマ時代の古典文化とキリスト教の文化、そしてゲルマン民族の文化が融合することによって、現代のヨーロッパ文化の基礎が形成されていく大切な時期である。例えば「ローマ法土」もこの時代に誕生する。

また、現在耕作されているヨーロッパの農地のほとんどが中世に作られたものだ。11世紀になって農耕技術が飛躍的に発展すると、ヨーロッパの耕作地は大きく拡大するのである。この耕作地の拡大によって食料生産量が大幅に増大した結果、ヨーロッパの人口は大きく増えることになるのだ。

西アジア（中東）に目を向けると、イスラム勢力の勃興《ぼっこう》と拡大という大きな出来事が起こる。ムハンマドが６１０年頃にイスラム教を創始すると、イスラム教勢力はまたたく間にアラビア半島の主要部分を統一した。そして8世紀には、中東に加えてインド西部や北アフリカ、イベリア半島をも支配するようになる。

この拡大の原動力になったのが食の存在だ。貧しい地域で生まれたイスラム教が大きく拡大するためには、食料の生産力がある土地を支配する必要があったのだ。そこで、イスラム教徒たちは、豊かな土地を求めてアラビア半島を飛び出したのである。

このようなイスラム勢力の征服活動によって、イスラムとヨーロッパの人々との交流が盛んになっていった。イスラム―ヨーロッパ間の交流を活発にしたのが、11世紀の終わりに始まった十字軍遠征だった。もともと聖地エルサレムを奪還するために開始された十字軍であったが、この遠征によって多数のヨーロッパ人は豊かなイスラム世界を目《ま》の当たりにすることになった。その結果、ヨーロッパにイスラム文化を導入する動きが盛んになり、ヨーロッパに新しい文化が生まれたのである。ヨーロッパの近代科学もイスラムとの文化交流によって誕生した。さらに、砂糖を大量に獲得するためのプランテーション技術もイスラムからヨーロッパに伝えられたのである。

一方、唐・宋の時代を経て、13世紀にモンゴル帝国が成立すると、中国からヨーロッパを含むユーラシア大陸の全域に及ぶような交易網が整備された。その結果、東西の物資と文化の交流が盛んになったのである。マルコ・ポーロが中国を訪れたとされるのもこの頃である。

以上のように、ヨーロッパ、中東、アジアで新しい国家が誕生し、それらが活発に交流するのが中世の特徴だ。そして、その交流の中心にあったのが食だ。

◎修道院とビールとワインとカール大帝

ギリシア・ローマ時代のお酒というとワインになる。この理由として、ギリシアやローマが位置する地中海沿岸の気候や土壌がブドウの栽培に適していたことが挙げられる。一方、ギリシアやローマはビールの原料となるムギ類の栽培には適していなかった。

もともとビールは、ムギ類の栽培が盛んだったメソポタミアのシュメール文明で造られ始め、大穀倉地帯を有するエジプトでも盛んに醸造が行われた。

一方、北ヨーロッパに住んでいた古代ゲルマン人も、移動を繰り返しながら狩猟と採集以外にオオムギの栽培を行っており、これを原料にしてビールを造っていたようだ。

西暦300年頃から始まるゲルマン民族の大移動によって西ローマ帝国が滅亡すると、西ヨーロッパはビール好きのゲルマン人によって支配されるようになる。「ヨーロッパの父」と呼ばれるゲルマン民族の王カール大帝（在位：768〜814年）も大のビール好きだったらしく、大きな盃《さかずき》で大量のビールを飲んでいたそうだ。

カール大帝は、イギリスやスペインを除くヨーロッパの主要地域を支配下に置いた。とはいえ、国内情勢はまだまだ不安定で、たえず各地に赴いて皇帝としての威厳を示す必要があった。そのような不安定な政治的基盤を強化・維持する上で重要な役割を果たしたのが修道院や教会だった。

彼は、国内の各地に修道院や教会を建て、信頼できる人物を修道院長や司祭として送り込んだ。そして、修道院と教会には領地が与えられ、中には大領主となるものも出てきた。

各地で開かれる統治会議である「王国会議」には、現地の貴族とともにこのような司祭や修道院長も参加した。会議では政治だけでなく、キリスト教関係の事項についても協議が行われ、政府とローマ・カトリックが協力することで政治と宗教活動が行われていたと言える。

各地を視察するために数多くの巡行に赴《おもむ》いたカール大帝であるが、現地で身の回りの世話を行ったのが修道院であった。快適な寝室と美味しい食事だけでなく、ビール大好きのカール大帝のために美味しいビールの準備はとても重要だった。こうして各修道院はビール醸造に精を出すようになる。

修道院には教育・研究施設としての学校が作られており、文化レベルも高かった。修道士たちは古典文献を読み込み、実際に醸造実験を繰り返すことで次第に高品質のビールを造ることができるようになっていった。そしてビールの醸造技術を体系化し、弟子たちに学ばせたのである。

こうしてあまりにも美味しいビールができるようになったので、飲み過ぎてしまう修道士も多くなったようだ。そのため、「聖歌を歌う時に舌がもつれたら12日間パンと水だけで過ごさなければならない」などの戒律も作られたという。

ところで、カール大帝の時代のビールにはまだホップは入っていなかった（ホップの使用は12世初めにドイツの女子修道院が始めた）。当時は「グルート」と呼ばれるハーブなどの薬草が入れられていた。ホップもグルートも、ビールに独特の苦味を加えるとともに、雑菌などが繁殖するのを防ぐ役割がある。そのため、良質のビールを造る上で高品質のグルートを確保する必要があり、グルートをめぐる激しい争奪戦が修道院を中心に起こることもあったらしい。

修道院が造るビールは高品質のため、次第に市場で高い価格で取引されるようになった。そしてこれが修道院の重要な財源の一つとなっていくのである。

カール大帝はキリスト教を篤《あつ》く信仰していたので、大好きなビールに加えてキリスト教の儀式に必要なワインの醸造も広く保護した。ローマ帝国時代にブドウの栽培が行われていたガリア（フランス）では、ゲルマン民族の大移動にともなう混乱によってブドウ畑の多くが打ち捨てられて荒廃していたのだが、彼はこの復興を行い、ワイン造りを推奨した。

こうしてガリアではワイン醸造が復活し、フランスではビールよりもワインが多く造られるようになった。そしてビールと同じように、ワインも修道士たちによって醸造法が発展していく。例えばシャンパンも修道士のドン・ペリニヨンによって生み出されたものだ。

カール大帝は775年に、フランス・ブルゴーニュ地方の修道院にブドウ畑を寄贈した。そのコート・ド・ボーヌ地区では「コルトン・シャルルマーニュ」と呼ばれる秀逸な白ワインが造られ続けている。この「シャルルマーニュ（Charlemagne）」とは、カール大帝のフランス語の名前だ。このワインがある限り、彼の功績は永遠に語り継がれるのである。

◎イスラム国家の誕生

アラビア半島の面積は約260万平方キロメートルで、世界最大の半島である。ほとんどの地域は一年中乾燥しており、河川はほとんどが涸《か》れている。半島の約3分の1は砂漠で、中でも南部に広がるアラビア半島最大のルブアルハリ砂漠の面積は約65万平方キロメートルで、日本の総面積の約38万平方キロメートルよりもずっと広い。

アラビア半島に住む人々はアラブ人と呼ばれ、「ベドウィン」といわれる遊牧民と商人が主である。イスラム教を創始したムハンマド（570年頃～632年）もクライシュ族というアラブ人の一部族の一人として多神教の聖地メッカに生まれた。そして、610年頃から大天使ガブリエルの啓示を受けて一神教であるイスラム教の布教を始めた。

最初はメッカの人々から迫害を受けたムハンマドだったが、次第に勢力を拡大すると630年にメッカの占領に成功する。するとアラビア半島の諸部族もイスラム教に改宗するようになり、これによってアラビア半島が統一された。そして、翌年にメッカへの大巡礼を成し遂げたムハンマドは632年に没する。

アラビア半島を征服したイスラム勢力であったが、その存続は危ういものだった。アラビア半島は乾燥地帯のため食料の生産性が低く、もし近隣の大帝国であるペルシア帝国やビザンツ帝国に攻め込まれれば、対抗するのは難しかったのだ。この時代は「国力＝食の生産量」だったのである。そこでムハンマドの後継者たちは２つの大国に攻められる前に、食の生産力がある土地を征服してしまおうという戦略をとる。

これが功を奏し、６３７年にはササン朝ペルシアの首都クテシフォンを征服するとともに、６４１年には一大農産地であるエジプトを征服した。生産力が高いエジプトはそれ以降の地中海進出の大きな足場となる。次の年の６４２年にはイスラム軍はササン朝ペルシア軍に完勝し、６５１年にペルシア王が殺されたためササン朝は滅亡した。このようにペルシアが支配していた食の生産性の高い土地を征服することによってイスラム国家が誕生したのである。

豊かな西アジアを征服したイスラム国家では、食文化も大きく変化した。もともとアラブの人々はコムギ、オオムギ、ナツメヤシとヤギやヒツジ、鳥などの肉や乳製品を食べていた。ここにペルシア帝国などの豊かな食文化が加わったのである。

ペルシアの食文化から伝わった重要な食材としては、コメと砂糖、コショウなどの香辛料がある。特に砂糖はアラブ人を虜《とりこ》にしたようだ。イスラム教では「甘いものを食べることは信仰のしるし」とされるらしく、アラブ人は甘いものが大好きだったようだ。

小麦粉を使ってドーナツのようなものやパンケーキのようなものを作って砂糖やシロップをかけて甘くしたらしい。また、コメにも砂糖を入れて甘くして、サフランやターメリックで色をつけたという。ジャムや甘い果物のジュースも人気だったようだ。

食材や料理法がアラブ帝国に導入されるとともに、その栽培法や農耕技術も取り入れられた。中でも重要なものが灌漑設備のカナートだ。カナートとは、水源地から目的の土地まで地下水路を使って水を運ぶ設備で、天日による蒸発を防げることから、乾燥地帯に適した灌漑設備だ。

カナートはイスラム勢力によってアラビア半島や北アフリカに伝えられた。そして、その後のイスラム国家のヨーロッパ進出にともなってイベリア半島などにも導入されることになる。さらに、大航海時代になると、スペインやポルトガルによってカナートの技術はアメリカ大陸にもたらされることになるのだ。

このようにイスラム国家の拡大は、アジアの高度な文化や技術をヨーロッパに伝えるという大きな役割を果たすことになるのである。

◎古代ギリシアをお手本にしたイスラムの科学

イスラムの科学を発展させ、その後ヨーロッパ近代科学の礎《いしずえ》となったのが、古代ギリシアの科学だ。古代ギリシアの文化はローマ帝国においてお手本とされるほど高度なものだったが、このギリシアの文化を受け継ぎ、さらに発展させたのがイスラム国家だ。

古代ギリシアにおいて文化の担い手だった学者たちはお互いに切磋琢磨《せっさたくま》しながら、自らの専門とする道を究めていった。例えばソクラテスやプラトンは現代でも多くの人々にその名を知られている哲学者であるし、プラトンの弟子であるアリストテレスは万学の祖といわれる。さらに、ヒポクラテスは医学の父と呼ばれ、彼の教えから編み出された「ヒポクラテスの誓い」は世界中の西洋医学教育において長く教えられてきた。

このような高度な学問が醸成される上で、学者同士の対話や議論、そして教育はとても重要だ。プラトンが紀元前387年に創設した学園「アカデメイア」は、まさしくこのような役割を担っていた。アリストテレスもアカデメイアで学んだ一人であり、多くの優秀な学者を生み出した学問のメッカだった。

アカデメイアはギリシアがローマ帝国によって征服されたのちも存続したが、ローマ帝国がキリスト教を国教に定めてからしばらくすると、キリスト教以外の思想を教える学校は閉鎖するという政策によって西暦529年に、約900年の長い歴史に幕を閉じた。その結果、多くの学者は活動する場所を失ってしまったのだが、そんな彼らを受け入れたのが中東のササン朝ペルシアだった。ササン朝はチグリス川流域の首都クテシフォンの近くのグンデシャープールに哲学や医学、科学の研究施設を設立して彼らの活動を援助したのだ。この施設では、インド人や中国人の医師や学者、技術者も招かれて研究が行われていたといわれている。

西暦640年頃にイスラム勢力によってササン朝のグンデシャープールが征服されたが、その後もこの研究施設は生き延びた。そしてイスラム国家のアッバース朝（750～1258年）になると、首都バグダードに新しく設立された学院に統合されて詳しく研究されるようになる。

イスラム国家で研究された古代ギリシアの学問には、哲学や論理学、幾何学、天文学、医学、博物学、地誌学、植物学、錬金術などがあった。イスラム国家では、このような新しい学問を広めるために、ギリシア語からアラビア語への翻訳が盛んに行われたという。中でも、第7代カリフのマアムーン（在位：813～833年）は「バイト・アル＝ヒクマ（智恵の館)」と呼ばれる大きな図書館を備えた研究施設をバクダードに造り、たくさんの科学者を集めて翻訳と研究を行わせたという。こうして11世紀までには、イスラムの科学は空前の発展を遂げたのだ。

そして、このような科学研究の中で、酒の世界に一大革命を引き起こす「蒸留」の技術が生み出されたのである。

◎イスラムが生み出した蒸留酒の世界

ブランデー、ウイスキー、ウオッカ、ラム、ジン、泡盛《あわもり》、焼酎《しょうちゅう》などは「蒸留酒」に分類される酒だ。

蒸留酒は、発酵で造った醸造酒を蒸留することで造られる。醸造酒を熱すると、沸点が78℃のアルコールは水よりもたくさん蒸発する。そしてこの蒸気を冷やすと、元よりもアルコール濃度の高い液体が得られるのだ。この一連の操作が蒸留と呼ばれるもので、蒸留器と呼ばれる装置を使って造られる。

蒸留酒はアルコール度数が高く蒸留で糖分などが除去されているため、保存性がとても良い。ワインやビールなどの醸造酒は封を開けると数日で風味が悪くなるが、ブランデーやウイスキーなどの蒸留酒は封を開けて1カ月以上経ってもほとんど風味は変化しないといわれている。

蒸留酒はインダス文明やメソポタミア文明でも造られていたが、技術的には未熟だった。それを大量の蒸留酒を造ることができるレベルにまで高めたのが、イスラム国家だ。

イスラム国家で蒸留の技術が発展した理由は、実は蒸留酒を造るためではない。安い金属から金を生み出そうとした錬金術に使用する技術として生み出されたのである。

錬金術は古代ギリシアや古代エジプトで生まれたと考えられており、その起源はかなり古い。この錬金術がイスラム国家で盛んに研究され、「化学」と呼べるレベルにまで発展したのだ。錬金術師たちは様々な物質について実験を繰り返し、酸やアルカリなどの単離に成功している。

8世紀の錬金術師ジャービル・イブン・ハイヤーンは金や白金を溶かす王水（塩酸と硝酸の混合物）を考案したことで有名だが、彼はアランビックと呼ばれる蒸留装置を考案したことでも知られている。

初期のアランビックは、2つの容器を管でつないだ簡単な装置だ（図13）。一方の容器に

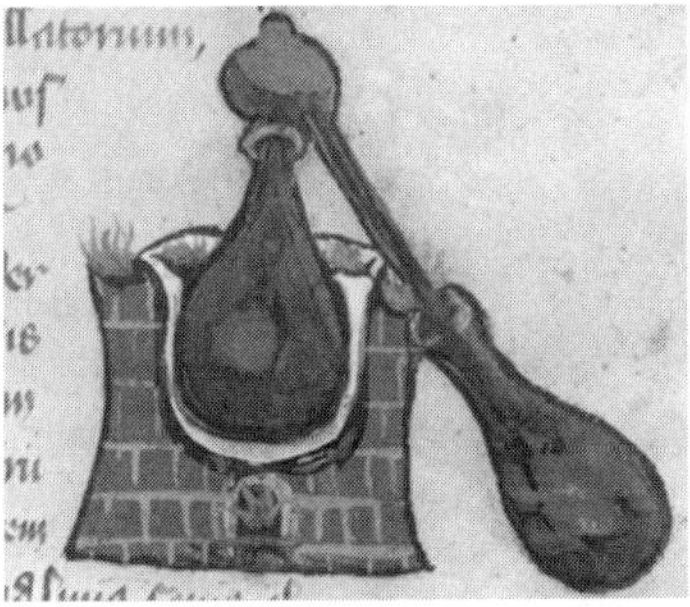
図13　アランビック

液体を入れて熱すると、気化したものが管を通る途中で冷やされることで液体に戻り、もう一方の容器に溜《た》まる。錬金術師たちは、こうしていろいろな液体を蒸留した。そして9世紀には、錬金術師のアル＝キンディがアルコールを初めて蒸留したといわれている。

その後もアランビックの改良は続けられ、11世紀になるとコイル状のパイプを用いた冷却槽が発明され、効率よく蒸留が行えるようになった。この冷却槽ではパイプの中に冷たい水を通すことで、アルコールの蒸気を急速に液体に戻すことができるのである。

やがて、このような高性能の蒸留器が世界各地に広まり、ブランデーやウイスキー、ウオッカなどの蒸留酒が造られるようになっていく。例えば沖縄には15世紀の後半にタイを経由して蒸留器が伝わったことにより、泡盛が造られるようになったといわれている。さらにこの蒸留器が16世紀に九州にも伝わり、サツマイモなどを使った焼酎が造られるようになった。

さて、よく言われることだが、アルコールの飲み過ぎには注意しなければならない。特にアルコール度数が高い蒸留酒の大量摂取に要注意だ。

アルコールは脳の報酬系と呼ばれる部位に作用することで、楽しい気分を生み出す。報酬系は生存に有利な行動を取った時に快感を生み出す働きをしているのだが、アルコールは報酬系を誤作動させることで快感を生じさせてしまうのだ。

さらに都合の悪いことに、アルコールの飲みすぎが習慣化すると、アルコールの摂取をやめることができない依存症になってしまう。アルコールの依存性は大麻よりも強く、ヘロインやコカインに近いため、注意が必要なのだ。産業革命直後のロンドンの貧民街では、安いジンの飲み過ぎでアルコール依存症になった人が続出したといわれている。

◎ヒトは砂糖が大好き

人間は大人も子供も、そして赤ちゃんも砂糖が大好きだ。

それを示すこんな実験がある。１９７５年頃にイスラエルのジャコブ・シュタイナーという小児科医は、赤ちゃんの口の中に様々な味のする液体を入れてみた。すると、酸味や苦味を含む液ではとても嫌そうな表情になったが、砂糖が入った液体を入れると、うっとりとした嬉《うれ》しそうな表情になったのだ。

このように人間は、生まれた時から砂糖を美味しいと感じるのだ。その理由は、砂糖など甘い味のする天然物のほとんどが高いエネルギーを持っているからだ。高エネルギーの食べ物を食べると生存に有利に働くため、甘いものを美味しいと感じる仕組みが生まれたと考えられる。

このように人間は砂糖が大好きなので、少しでも多く手に入れようと奮闘を続けてきた。現代でも砂糖なしではとても生活できないという人がほとんどだと思うが、中世のように甘いものが珍しかった時代には、砂糖の存在価値は今以上にとても高かったのだ。

世界史で砂糖というと、砂糖のプランテーションを思い浮かべる人も多いかと思う。プランテーションとは、白人が奴隷を労働力として用いて、砂糖やタバコ、茶などの単一作物を大規模栽培した農園のことを言う。実は、砂糖の大規模農園はイスラム世界で始まり（ただし奴隷は使用していない）、それがヨーロッパに伝わったことで、大航海時代以降に砂糖のプランテーションが盛んに行われるようになったのだ。

サトウキビは現在のニューギニア島付近が原産地とされており、紀元前6000年前後にインドや東南アジアに広まったと考えられている。そしてインドで砂糖の精製法が発明されたとされる。

この製糖技術は、7世紀の初め頃にインドからササン朝ペルシアに伝わった。そして、その後中東を支配したイスラム勢力によって10世紀頃までには東地中海沿岸地域とヨルダン川渓谷、さらにはエジプトへと伝播《でんぱ》した。さらに12世紀頃までには、北アフリカやイベリア半島のアンダルシア、キプロス島やシチリア島などの現在のイタリアの地中海諸島でもサトウキビの栽培と製糖が行われるようになった。その中でも、エジプトのナイル川流域が当時の最大の砂糖生産地であったと考えられている。

エジプトでは2~3月に植え付けられたサトウキビは、夏を過ぎると2~3メートル以上に生長し、12月頃に刈り取られたという。刈り取られたサトウキビはすぐに処理をしないとダメになると考えられていた。そこで、収穫直後のサトウキビは農場近くの製糖所に運ばれ、そこで細かく刻まれてから牛を用いた石臼で圧搾された。

しぼり出された液汁は大釜に集められ、煮詰められる。煮詰まったところで砂糖の細かい粉を入れると、それを核にして結晶ができてくるのだ。これを底に小さな穴があいた円錐形の壺に注ぎ込み、液体を除去することで褐色の粗糖の固まりが作られた。これらの粗糖は別の製糖所に集められ、ここで粗糖を水に溶かして煮沸し、先の工程を繰り返すことで、上質の白い砂糖が得られるのである。

ムスリム商人（イスラム教徒の商人）はこのようにして作られた砂糖の貿易を盛んに行った。彼らはインドから運んできた香辛料などとともに、砂糖をイタリア商人に引き渡した。イタリア商人はその代わりに、綿織物、木材、鉄、銅、武器、奴隷などをイスラム側にもたらしたという。ジェノヴァ、ヴェネツィア、ナポリなどの諸都市は、この貿易のおかげでとても潤《うるお》ったらしい。

さらに、11世紀の終わりから始まった十字軍の遠征も、砂糖をヨーロッパの人々に広める要因となった。

◎十字軍と砂糖の出合い

十字軍は「聖地エルサレムの回復」という崇高な目的を掲げて行われたとされる。しかし、ユダヤ教、キリスト教、イスラム教の神は、元々は同じ神であり、エルサレムは共通の聖地だった。そして、イスラム勢力がエルサレムを支配していた時も、ユダヤ教徒とキリスト教徒はエルサレムに自由に出入りしたり居住したりできたのである。つまり、キリスト教徒が言い出した「聖地回復」とは、エルサレムをキリスト教徒だけのものにするという意味だったのだ。というのも、イスラム勢力がエルサレムを征服する前はキリスト教徒がエルサレムを独占していたからだ。

十字軍結成のきっかけをつくったのはビザンツ帝国だ。イスラム国家の侵攻にさらされていたビザンツ帝国は、１０９５年にローマ教皇に援軍を要請した。そしてローマ教皇の呼びかけによって第1回の十字軍（１０９６〜１０９９年）が始まったのである。

第1回十字軍は、イスラム内の内紛の影響もあってエルサレムの征服に成功した。そして十字軍兵士はエルサレム内のイスラム教徒とユダヤ教徒の大虐殺を行い、略奪を繰り返した。この時に殺されたイスラム教徒は7万人に上るといわれる。また、イスラム教の岩のドーム内の財宝を根こそぎ強奪した。

なお、十字軍はエルサレムへの行軍途中でもイスラム教徒とユダヤ教徒に対して強奪、強《ごう》姦《かん》、虐殺を繰り返していたとされる。また、ヨーロッパでも民衆によるユダヤ教徒の虐殺が起こっており、これがヨーロッパにおけるユダヤ人迫害の始まりといわれている。

その後十字軍は、エルサレムをはじめとする征服地にエルサレム王国などの十字軍国家を建設し、ヨーロッパから多数のキリスト教徒が移住するようになった。このようにヨーロッパ人が中東に住み始めると、おのずとイスラム教徒との接触が増え、文化交流や交易が始まるようになった。そしてイスラム圏からヨーロッパへ新しい文化や書物、そして食べ物が次々に流入するようになる。

その食の代表が砂糖だ。十字軍兵士は現地人から甘い汁を出すサトウキビのことを聞き出すと、腹が減った時にサトウキビの茎を噛んで空腹をまぎらわせたという。そして、十字軍国家のエルサレム王国が建設されると、砂糖の製造法をイスラム教徒から教わり、自分たちも砂糖作りを始めたのだ。

それがサトウキビを大規模農園で栽培する方法だ。製糖までを行おうとすると大量の労働者が必要だが、エルサレム王国は侵略で獲得した奴隷と戦争捕虜を利用したといわれている。これがヨーロッパ人による砂糖プランテーションの始まりとなったのである。

やがて十字軍国家は崩壊するが、砂糖プランテーションは地中海の島々などに持ち込まれる。そして大航海時代になると、アメリカ大陸などで黒人奴隷を使った砂糖の大量生産が行われるようになるのだ。

イスラム教徒との交流でヨーロッパに入ってきた食べ物には、砂糖の他に、ソバやコメ、ナス、ホウレンソウなどの穀物や野菜、そしてレモン、スイカなどの果物があった。また、シナモンやナツメグなどの香辛料もこの頃にヨーロッパに伝播した。

このように十字軍が持ち帰った食べ物によって、ヨーロッパの食の世界はとても豊かになったのである。

◎中世盛期のヨーロッパ

ヨーロッパの中世前期と呼ばれる西暦500〜1000年にはゲルマン民族の大移動による社会の混乱やイスラム勢力の侵攻など、多くの危機がヨーロッパを襲った。しかし、1000年頃から始まる「中世の農業革命」によって農業生産性が向上した結果、農村や都市が発展し、ヨーロッパは中世盛期（1000〜1300年）という名称にふさわしい発展の時期を迎えることになった。

中世の農業革命は、鉄製の農機具の利用と三圃制《さんぽせい》（三圃式）耕作法が広まった結果である。重い鉄製の農機具を使うことによって、土を深く耕すことができるようになり、作物がよく育つようになった。また、三圃制では耕地を3つに分け、春耕地（春に蒔いて秋に収穫)、秋耕地(秋に蒔いて春に収穫)、休耕地を年ごとに替えていく。休耕地では家畜を放牧して糞尿《ふんにょう》が肥料となることから地力の低下を防ぐことができるのだ。

鉄製の農機具を使った三圃制の農地では、重い農機具をウマやウシに引かせるため、方向転換が難しくなった。そこで、それまで家族単位で耕作していた農地が村単位でまとめられて、長方形の大きな農地へと整えられた。こうすれば農機具がターンする回数を減らせるのだ。

また、農民の住居も一カ所に集められた。そして修道院や騎士などの領主は、集落近くに製粉所やパン焼きかまど、醸造所などの共通施設を設置した。こうして現代に受け継がれているヨーロッパの農村風景が形成されたのである。

農業革命によって食料生産性が向上した結果、人口が増加するとともに余剰分が市場に出回るようになった。すると、一獲千金をねらって、余剰分を他の都市に運んで商売する商人が登場した。彼らは拠点となる集落を作り、領主を買収したり、戦ったりすることで自治権を獲得していった。こうして商人たちによって多数の中世都市がつくられていったのだ。これは、食料の増産が文明を発展させた典型的な例だ。

さて、このような中世の都市では、現代の大学につながる学問の府が誕生した。それは教会に付属した神学校や法学校で、そこではキリスト教だけでなく、イスラムの学問の研究も行われた。その中には、香辛料に関する重要な医学理論も含まれていたのである。

◎ガレノスの四体液説と香辛料

大航海時代にコショウなどの香辛料を求めて大海原に乗り出した理由として、香辛料は肉を保存したり、腐りかけの肉を美味しく食べたりするために必要だったからといわれることが多い。しかし、この説は研究者の間では否定されている。

肉を保存するためには古代から塩を使ってハムやソーセージが作られてきたし、香辛料の防腐作用もそれほど高くない。また中世では多くのヨーロッパの都市で、処理した肉は夏場はその日のうちに、冬場は3日以内に販売しなければならないとされていて、腐りかけの肉はほとんど流通していなかったと考えられるからだ。

ヨーロッパの人々が香辛料を欲した本当の理由は、古代ローマの項で述べたように、香辛料を健康と結びつけて考えていたからだ。西ローマ帝国が滅んだ後はこの考えは廃《すた》れつつあったが、十字軍遠征によってイスラムとの交流が盛んになった結果、再び食と健康を結びつ

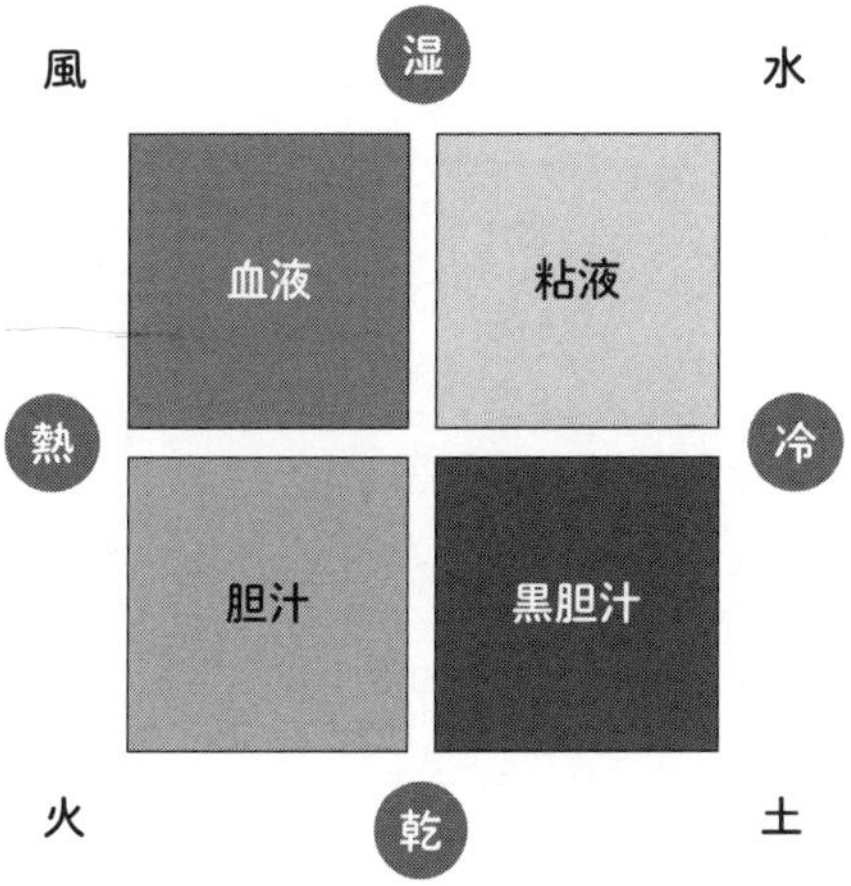

図14　ガレノスの四体液説

ける医学理論がヨーロッパにもたらされた。それは「四体液説」と呼ばれるもので、ローマ帝国のギリシア人医学者ガレノス（129年頃〜199年頃）が提唱したものだ。

四体液説とは、人間の体液は「血液、粘液、胆汁、黒胆汁」の4つの成分から構成されていて、血液は「熱」と「湿」の性質を持ち、粘液は「湿」と「冷」、胆汁は「熱」と「乾」、黒胆汁は「冷」と「乾」の性質を持つとする考えだ。そして、これらのバランスが崩れると病気になると考えられていた（図14）。

食べ物も4つの成分（風・水・火・土）からできていて、「熱」「湿」「冷」「乾」の4つの性質のうち2つを持ち、食べるとその性質が体の中で増えるとされた。例えば植物は「冷」と「乾」の性質を持ち、食べ過ぎると体の「冷」と「乾」の性質が強くなってしまって黒胆汁が増えるというわけである。

崩れたバランスを戻すための食事が重要で、「冷」が過剰な場合は「熱」の性質を持つ食品を多く摂り、「湿」が過剰な場合は「乾」の性質を持つ食品を多く摂るようにした。このように四体液説が広まった結果、食事によって病気や体調不良を治そうとするようになったのである。

さて、ヨーロッパの人々が大好きだった肉だが、そのほとんどは「冷」の性質を持っていた。そのため、肉を食べる時にはバランスを良くするために「熱」の性質を持ったものを一緒に食べる必要があるが、それが香辛料だったのだ。

香辛料はそのほとんどが強い「熱」の性質を持っていて、少量でも「冷」の性質を打ち消すことができると考えられていたのである。さらに消化には「熱」が必要であると考えられており、消化を促すという意味でも香辛料が料理に加えられたのだ。このように、中世からの料理のレシピは四体液説に従って作られるようになったのだ。

現代の知識から言うと明らかに誤った理論であるが、四体液説に科学的根拠がないことが実証されるのは19世紀になってからであり、少なくとも17世紀までは四体液説が広く信じられていたのである。

◎パエリアとイベリコブタ

「レコンキスタ（Reconquista）」とはスペイン語で「再征服」という意味で、イスラム勢力によって奪われたイベリア半島をキリスト教徒の手に取り戻す「国土回復運動」を指す。

イスラム勢力は７１１年にイベリア半島に進入し、ゲルマン民族が建てた西ゴート王国を滅ぼした。そして、１４９２年にレコンキスタが完了するまでイベリア半島にとどまり続けた。

イスラム勢力が支配したことによって、イベリア半島にはイスラムの進んだ技術が持ち込まれ、その結果、イベリア半島は大きな発展を遂げることになる。例えばカナートや水車を用いた灌漑技術が導入され、荒れ地の開拓が進んだことによって農地が大きく拡大した。

新しい農地では、コメやオリーブ、レモン、オレンジ、ナツメヤシ、サフランなどが栽培された。なお、オリーブはそれより以前にギリシアから持ち込まれていたが、ムスリムがオリーブオイルの美味しさに気がついて栽培を拡大させたのだ。

ところで、コメ、オリーブオイル、サフランはどれもスペインの国民的な料理「パエリア」の材料だ。パエリアは肉や魚介類、野菜をオリーブオイルで炒めた後、コメとサフランを加えて平たいフライパン（パエリア鍋）でスープと一緒に炊きこんだ料理だ。スペインでは日本と同じようにイカやタコ、エビ、貝などの魚介類をよく食べるが、これらはハラルであるため（イスラム法で許されているため）ムスリムも食べたのである。このようにパエリアはイスラムの食文化を起源としている。

また、ムスリムの造船や操船の技術はインド洋という外洋を航行するため、ヨーロッパよりも進歩していたが、これがイベリア半島に伝わったことで大航海時代にスペインやポルトガルが使用する船舶に利用されることになった。

レコンキスタによって領土を回復したスペイン王国は、ユダヤ教徒の財産を没収して国外に追放した。また、当初は信仰を認めていたイスラム教徒に対しても最終的に追放令が出された。スペインにとどまることが許されたのは、キリスト教に改宗した者だけだった。

さて、スペインは豚肉をよく食べる国である。国民1人当たりの豚肉消費量はEUの中でもトップクラスで、1年間に約40キログラムも食べるそうだ（日本人は15キログラムくらい）。また、イベリア半島南西部の山間部で育てられる「イベリコブタ」はスペインの特産品で、日本でも大人気だ。

このようにスペインが豚肉好きとなったのは、イスラム教徒やユダヤ教徒に対する反発があったからだという説がある。豚肉はイスラム教でもユダヤ教でも食べてはいけない肉だ。その肉をたくさん食べることで「キリスト教徒」であることを誇ったというのだ。また、表面上だけキリスト教に改宗したイスラム教徒やユダヤ教徒に対する「踏絵」という意味もあったといわれている。

しかし、一番大きな理由は、自分たちが作った豚肉（特にイベリコブタの肉）がとても美味しかったからだと思う。

さて、豚肉には疲労回復に効果があるビタミンB_1がたくさん含まれているため、疲れた時に最適だ。なお、ビタミンB_1は水溶性のため、ゆがいたりすると煮汁に出ていってしまう。ビタミンB_1を多く摂りたいのなら、生姜焼きなどがおすすめだ。

◎コーヒーの始まり

コーヒーには覚醒作用のあるカフェインが多く含まれているため、眠気覚ましに飲む人も多いと思う。また、食後には必ず飲むという人も多いだろう。

それでは、コーヒーはいつから、どこで飲まれるようになったのだろうか？

私たちがコーヒー豆と呼んでいるものは、コーヒーノキという植物の果実（コーヒーチェリーという）の中にある種子のことだ。この種子を焙煎《ばいせん》すると、私たちがよく見る褐色のコーヒー豆が出来上がる。

コーヒーにはアラビカ種、ロブスタ種、リベリカ種の3種類があるが、この中で現在もっともよく飲まれているのがアラビカ種だ。また、アラビカ種は人類が最初に飲み始めたコーヒーでもある。

アラビカ種の原産地は、現在のタンザニアの西部のアルバート湖周辺だという説が提出されている（図15）。その後、エチオピアまで生息域を広げ、ヒトに利用されるようになったと考えられる。

コーヒーノキの実は食べると美味しいといわれていて、サルなどの哺乳類や鳥類の食料になるそうだ。「コピ・ルアク」というインドネシアの高級コーヒーは、コーヒーチェリーを食べたジャコウネコのフンからコーヒー豆を取り出して飲料にしたもので、このことからもコーヒーチェリーが小動物の餌になっていることが分かる。

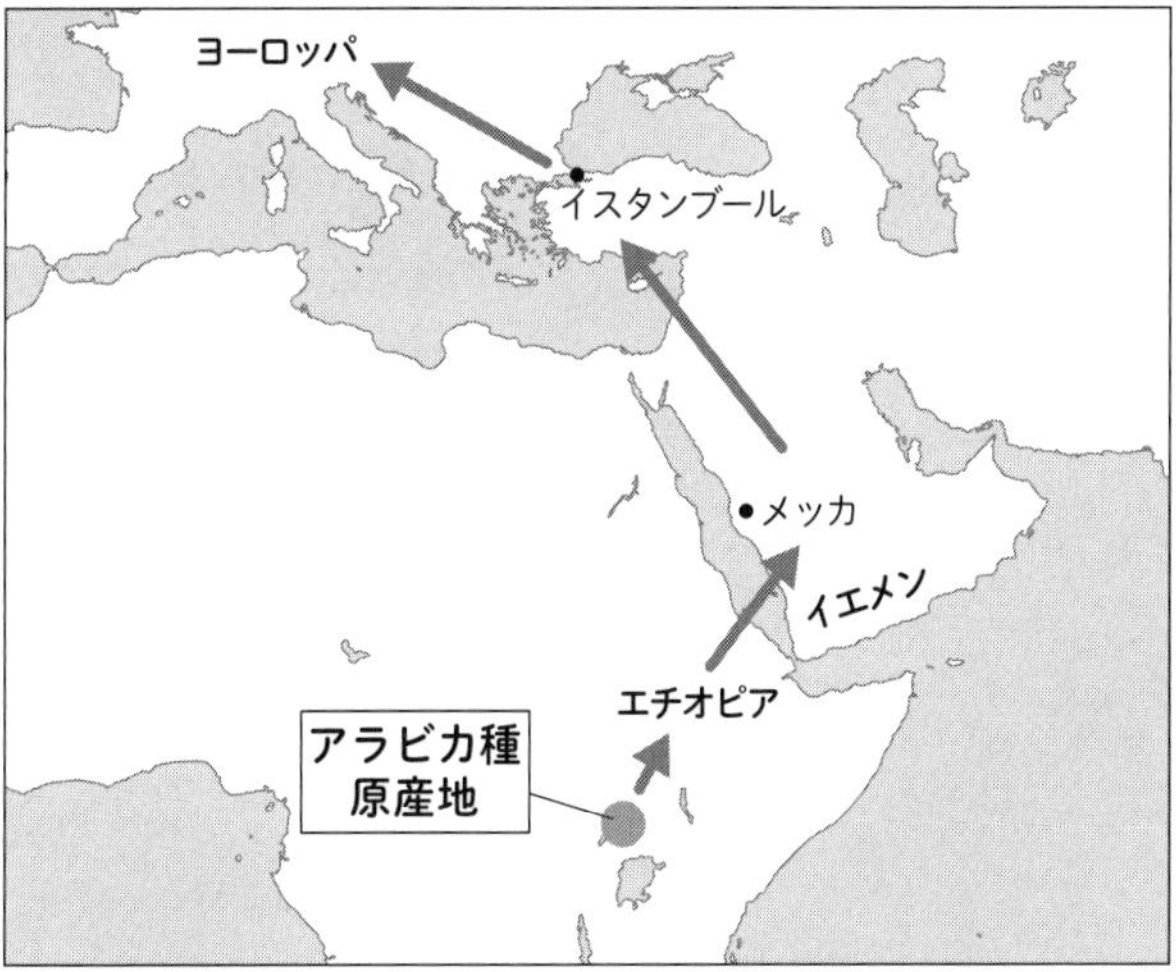

図15　アラビカ種の原産地とコーヒーの伝播

人類も大昔からコーヒーチェリーを食用にしていたと思われるが、確かな証拠として残っているものはなく、コーヒーノキの利用が歴史上の確かな記録として現れるのは15世紀になってからである。

16世紀にエジプトで書かれた書物の中に、15世紀のイエメンでスーフィー（イスラム神秘主義者）がコーヒーを作って飲んでいたという記述があるのだ。スーフィーは夜を徹して神の名を唱え続けるという修行を行うが、この時にコーヒーが眠気を覚ますのに役立っていたようだ。

なお、この頃のコーヒーは現在のようにコーヒー豆だけを使ったものではなく、コーヒーチェリーを丸ごとあぶってから煮出す「ブン」と呼ばれるものと、コーヒー豆を使わず、コーヒーチェリーの果肉の部分だけを乾燥させてから煮出す「キシル」と呼ばれるものの2つがあったそうだ。

このブンとキシルはその後イスラム社会全体に広まり、1500年頃にはメッカで「カフェハネ」と呼ばれるコーヒーハウスが誕生したといわれている。そして1510年頃にはエジプトのカイロでも多くのカフェハネが生まれた。

1517年にオスマン帝国がイスラム社会を統一すると、エジプトやイエメンを支配することになった。その結果、コーヒー文化がオスマン帝国に持ち込まれて花開くことになる。

オスマン帝国のスレイマン1世（在位：1520〜1566年）は献上されたコーヒーをとても気に入り、それ以降オスマン帝国の宮殿ではコーヒーは欠かせないものとなった。宮殿では「コーヒー職人長」という新しい役職が設けられ、厳重な管理の下でコーヒーが淹《い》れられたという。また、美味しいコーヒーを淹れるために、焙煎器やコーヒーミルなどの道具も次々と開発・改良された。

オスマン帝国の宮殿で飲まれるようになったコーヒーは、1552年にはイスタンブールに最初のカフェハネが作られたことから民間にも普及し始める。また16世紀後半になると、コーヒーはイスラム法的に合法な飲み物（ハラル）であると認められるようになり、普及を後押しした。

なお、オスマン帝国に最初に伝わったコーヒーもブンとキシルだったが、やがてキシルは廃れ、16世紀末にはブンだけとなる。そして、その頃にヨーロッパに伝わったコーヒーは、現在のようなコーヒー豆だけを使用するものになっていたが、その理由については分かっていない。

さて、最近になって、コーヒーには死亡リスクを減少させる効果があることが分かってきた。フランスの研究者たちがヨーロッパの35歳以上の男女約45万人について16年間にわたって追跡調査したところ、コーヒーを多く飲む人の死亡リスクはコーヒーを全く飲まない人に比べて男性で12パーセント、女性で7パーセント減少していることが分かった。彼らの計算によると、毎日のコーヒーを1杯増やすごとに死亡リスクを男性で3パーセント、女性で1パーセント減少させることができるそうだ。

このように死亡リスクが減少する理由は、コーヒーに含まれるポリフェノール類が肝臓の機能を改善するからだと考えられている。つまり、肝臓の病気になりにくくなるため長生きできるということだ。

◎激動の食の時代へ

ここまで見てきたように、中世ではヨーロッパ─中東─アジア間で活発な文化の交流が行われた結果、現代でも食べたり飲んだりしている様々な食べ物や飲み物が登場した。

それに続く近世では、激動と呼ぶにふさわしい大きな変化が食の世界で起こる。その最大の要因になったのが、ヨーロッパ人によるアメリカ大陸への大規模な航海だ。アメリカ大陸にはユーラシア大陸にはなかった様々な食材があり、それらがとても有用であったため、またたく間に世界各地に伝播するのである。

次章では、このような激動の食の世界を見ていこう。

第5章

近世の食

——新大陸の食が世界を変えた

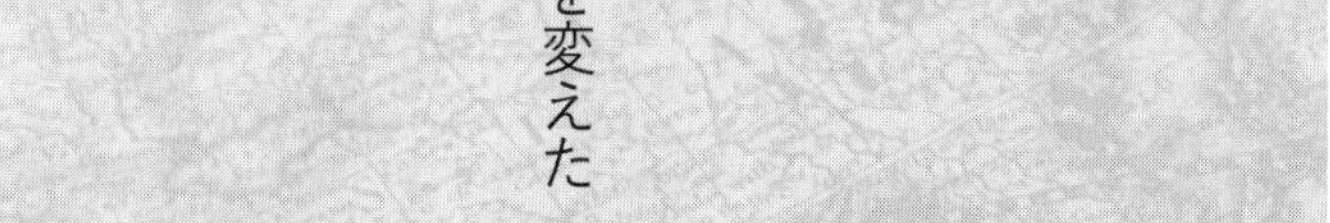

近世とは、西洋史では一般的にルネサンスが起こった15世紀頃から産業革命が始まる18世紀半ば頃までとされている。また、日本史では安土桃山時代から江戸時代が終わるまでとすることが多い。

この近世の大航海時代には、その後の世界情勢を一変させる大きな出来事が起きた。コショウなどの香辛料を求めて長距離の航海が始まった結果、ヨーロッパ人が知らなかったアメリカ大陸やアフリカ大陸などの新しい世界が発見されたのである。ヨーロッパの大西洋沿岸諸国はこれらの新しい土地を植民地化することで国力を向上させていき、やがて世界の経済や物流の中心はこれらの国々やイギリスから独立したアメリカに移るのだ。

食の世界では、それまでアメリカ大陸以外では知られていなかった食べ物が世界中に広まっていくという画期的な出来事が起きた。

このように世界中に広まった食べ物には次のようなものがある。

トウモロコシ、ジャガイモ、サツマイモ、トマト、トウガラシ、カボチャ、インゲンマメ、ラッカセイ、アボカド、パイナップル、パパイヤ、カカオ、ヒマワリ、バニラなど。

これらはいずれも現代でもよく食べられているものばかりで、これらがない世界を想像してみると、そのインパクトがいかに大きかったかが分かる。

アメリカ大陸でヨーロッパ人が初めて出会った作物の多くが、すぐにヨーロッパに持ち帰られた。例えばトウモロコシとトウガラシ、カカオはコロンブスが1500年前後にヨーロッパに持ち帰っているし、トマトは1520年頃、ジャガイモは1570年頃にヨーロッパに運び込まれたとされている。

また逆に、アメリカ大陸にはそれまでなかった作物や家畜がヨーロッパから持ち込まれた。例えば作物ではコムギやオオムギ、タマネギなどが、家畜ではウシやブタ、ヤギなどが新大陸に持ち込まれたのである。

本章では、このような大航海時代の始まりと、それによって世界に広まった食べ物を中心に、近世の食の世界を見ていこう。

◎大航海時代の始まり

大航海時代が始まった要因の一つがオスマン帝国の登場だ。オスマン帝国がイスラム社会

図16　ポルトガルのリスボンにある島々発見のモニュメント
先頭は大航海時代を先導したエンリケ航海王子

を支配するようになると、アジアとの香辛料貿易を独占するようになった。香辛料の多くはオスマン帝国内で消費されたことから、ヨーロッパに入ってくる量はごくわずかになってしまった。香辛料がどうしても欲しかったヨーロッパ人は、他のルートで香辛料を手に入れるしかなかったのだ。そして、大海原に飛び出していったのである。

大航海時代の先鞭《せんべん》をつけたのは、ヨーロッパ最西端の新興国ポルトガルだった。ヨーロッパの西の端で香辛料をほとんど手に入れられなかったため、率先して海外進出に乗り出したのである。

ポルトガルの海外進出を先導したのがエンリケ航海王子（1394～1460年）だ（図16）。1419年から彼の指導の下で西アフリカ沖の島々の探検が始まった。そして、まずマデイラ諸島とアゾレス諸島が見つかった。続いて1450年過ぎにカーボヴェルデ諸島が見つかった。なお、マデイラとカーボヴェルデではサトウキビが栽培され、生産された砂糖がヨーロッパに運ばれて莫大な富を生み出した。また、アゾレスはブドウとコムギの一大産地になった。

エンリケの死後もポルトガル人たちは未知の領域だったアフリカの西の海域を南下し続け、1488年にはバルトロメウ＝ディアスが南アフリカの喜望峰に到達する。そして1498年にヴァスコ・ダ・ガマがインドに到達し、ポルトガルとインドを結ぶ航路が開かれることとなった。やがてこの航路を使って莫大《ばくだい》な量の香辛料がヨーロッパに運び込まれるようになり、ポルトガルの首都リスボンは香辛料貿易の中心として成長していったのである。

ポルトガルはマレー半島・セイロン島などにも進出し、1557年にはマカオに要塞を築いてアジア貿易の拠点とした。なお、1543年にはポルトガル人が日本の種子島に漂着して鉄砲を伝えている。

一方、ポルトガルに出遅れたスペインは、大西洋を西に航海してアジアに到達するというクリストファー・コロンブス（1451～1506年）の提案に乗り支援を行った。コロンブスは1492年に大西洋を横断し、アジアではなく西インド諸島に到達した。コロンブス自身はアジアに到達したと信じ込んでいたが、同じ頃にスペインとポルトガルの両国から派遣されたアメリゴ・ヴェスプッチは、この地がアジア大陸とは別の大陸であると報告した。

ところで、ヨーロッパでは新たに見つけた土地は見つけた国のものになるとされていた。ポルトガルとスペインは両国間の争いを避けるために、ローマ教皇に仲介してもらい、トルデシリャス条約を成立させた。この条約では、西経46度37分の経線を境界として、そこから東はポルトガルのものになり、西の地はスペインのものになると定められた。その結果、アフリカ・アジアと南米ブラジルはポルトガルが権利を持つこととなり、それ以外のアメリカ大陸の土地はスペインのものとなった。

ポルトガル領となったブラジルにはサトウキビが持ち込まれ、1530年代からサトウキビを栽培し製糖する大農園（プランテーション）が始まった。そこでは安価な労働力として現地のインディオを奴隷として使役した。しかし、ヨーロッパから持ち込まれた伝染病や過酷な労働のためにインディオの人口はまたたく間に減少したため、西アフリカから運んできた黒人奴隷を使うようになった。

大航海時代の海外進出はポルトガルとスペインが先行していたが、やがてイギリスやオランダ、フランスも海外進出に力を注ぐようになった。この三国はアフリカ・アジア・アメリカ大陸に独自の植民地を成立させ、先行していたポルトガルやスペインの権利を奪っていった。こうしてポルトガルとスペインに代わって、イギリスやフランスなどがヨーロッパの強国となっていくのである。

◎大航海を支えた保存食

大航海時代に帆船でヨーロッパからアジアやアメリカに行くには長い時間がかかった。例えばコロンブスはアメリカ大陸への航海を4回行っているが、いずれも片道に2カ月ほどを要している。

このような長い航海で問題になるのが食料だ。ヨーロッパからアメリカ大陸に行くのにも、喜望峰を回ってアジアに行くのにも、熱帯の海域を通る必要がある。さらに海上なので湿度も高い。こんな悪環境で長持ちする食品はなかなか見当たらなかった。

陸上の一般的な保存食だった塩漬けの肉や魚は、長くはもたなかった。これらは高温多湿の状態では水分を吸収して次第に腐り始め、ウジが湧いてドロドロになったそうだ。

また、炭水化物源として積まれていたものが「ビスケット」だ。これは二度焼きにしたパンのことで、現代の乾パンに近いものだった。硬くて不味《まず》くて、船乗りに嫌われていたそうだが、これもコクゾウムシが湧いたりネズミに食べられたりしたそうだ。

そのような保存食の中で、もっとも長く保存できたものが「タイセイヨウダラの干物」だ。タラは脂分が少なく乾燥させるとカチカチに硬くなって長期保存できるようになるのだ。日本でもマダラを乾燥させたボウダラが伝統的な保存食になっている。

タイセイヨウダラの干物には身をそのまま天日で乾燥させたストックフィッシュと、軽く塩漬けした後乾燥させたソルトフィッシュの2種がある。

ストックフィッシュは10世紀以前からノルウェーの北西部で作られるようになり、ヴァイキングの航海時の重要な食料になっていた。14世紀にはハンザ同盟がストックフィッシュの貿易を独占するようになり、ハンザ同盟の重要な交易品になっていた。なお、ストックフィッシュという名前は、タラが「ストック」と呼ばれる木製のラックに吊り下げられて干されたことから付いたものだ。

一方のソルトフィッシュは主にイギリスで作られたもので、獲れたタラを船上で軽く塩漬けにし、港に戻ってから天日干しして作った。ソルトフィッシュはストックフィッシュよりも保存性が高く、大航海時代に重宝されるようになる。

ストックフィッシュとソルトフィッシュは軽くて嵩《かさ》ばらないので、保管しやすいという利点もあった。こうしてストックフィッシュとソルトフィッシュは大航海を支える重要な保存食となったのである。「タラがなかったら大航海時代は来なかった」と言われることがあるが、これはまんざら誇張でもないのだ。

ところで、カチカチのストックフィッシュやソルトフィッシュを食べるには下処理が必要だった。日本でボウダラを調理する時には水に何日もつけて軟らかくするが、同じようにストックフィッシュやソルトフィッシュもトンカチなどで砕いて小さくした後に布袋に入れてから海水につけることで軟らかくした。そして肉のように焼いて食べるのが一般的だったらしい。

タイセイヨウダラは現在でも南ヨーロッパやイギリスで人気がある魚で、ポルトガルでは毎日違う料理を作れるほどタラを使ったレシピが豊富だといわれている。また、イギリスの料理の定番である「フィッシュ・アンド・チップス」もタラとポテトをフライにしたものだ。これらの国々では、タラの料理は大航海時代からの国民食なのだ。

◎世界一の穀物になったトウモロコシ

ここからは大航海時代に新たにヨーロッパにもたらされた作物について見ていこう。最初は、コメ、コムギとともに世界三大穀物と呼ばれている「トウモロコシ」だ。この3つの中ではトウモロコシの生産量がもっとも多いため、世界一の穀物と言ってもよい。

アメリカ大陸でのトウモロコシの栽培は紀元前6000年頃から始まったと推測されている。その後も品種改良が続けられ、コロンブスが1492年にアメリカ大陸に到達した時には、すでに今日《こんにち》知られている多くの品種が作り出されていたといわれている。

トウモロコシはとても優秀な穀物で、次のような長所を持っている。

・単位面積当たりの収穫量が多い（コムギの約3倍）。
・環境への適応性が高い（平均気温が15℃以上なら生育が可能）。
・収穫や運搬、貯蔵が容易で、脱粒もしやすい。
・実（子実）だけでなく、茎や葉も家畜の飼料として利用できる。

このように優秀な作物をヨーロッパ人が見逃すはずはなく、コロンブスは1492年の最初の航海時にスペインにトウモロコシを持ち帰っている。ちなみに、コロンブス船団の乗員の日記には「大変美味しい」という記載があるそうだ。

ところが、スペインではトウモロコシはあまり受け入れられなかった。トウモロコシの奇妙な姿が敬遠されたためだと考えられる。一般的にヨーロッパの人々は食べ物に対して保守的で、なかなか新しい食べ物を口にしないものなのだ。

それでもコムギなどの穀物がうまく育たない地域では、トウモロコシの栽培が急速に進んだ。こうしてトウモロコシの栽培は16世紀半ばには地中海沿岸に広がり、16世紀末までにはイギリスや東ヨーロッパでも栽培されるようになった。

中でもイタリア北部の山岳地帯ではトウモロコシの栽培がとても盛んになった。この地域では「ポレンタ（polenta）」と呼ばれるトウモロコシ料理がその頃から名物になっている。ポレンタは粗挽《あらび》きにしたトウモロコシの粉を1時間ほど煮て粥《かゆ》状にし、塩、オリーブオイル、バターなどで風味付けをしたものだ。食べる時にチーズやソースをかけることもある。同様の料理は南ヨーロッパや東ヨーロッパの山岳地帯に広く見られるらしい。

トウモロコシの栽培はヨーロッパだけでなく、世界中に急速に広まった。アフリカでは奴隷の食料とするために16世紀初頭に持ち込まれたものが、収穫量の多さから栽培する農民が急速に増えた。アフリカの高い気温がトウモロコシの栽培に適していたのが、その理由の一つだ。

こうして1900年までにはアフリカ全土で栽培されるようになったといわれている。しかし一方で、アフリカにおけるトウモロコシ栽培の広がりが、現代の大きな問題になっているアフリカの人口爆発の一因となっているという指摘もある。

アジアへの伝播について見ると、16世紀の前半にはインドや中国でも栽培されるようになった。日本には1579年にポルトガル人によって硬粒種と呼ばれるトウモロコシが伝えられたのが最初とされている。その後、九州や四国の山間部など稲作に適していない地域で栽培され始め、徐々に北の地域へと広がっていったといわれている。ただし硬粒種は硬かったため、粉にして餅や粥に混ぜたりして食べることがほとんどだった。

日本でトウモロコシが本格的に栽培されるようになったのは明治時代初期のことで、北海道農事試験場がスイートコーン（甘味種）とデントコーン（馬歯種）をアメリカから導入したことから始まった。そのため、今でも北海道はトウモロコシの産地として有名なのだ。

さて、世界に広まったトウモロコシだが、毎日トウモロコシばかり食べているとペラグラという病気になってしまう。ペラグラは皮膚や口内、消化管の炎症や脳機能の低下が起こる病気で、ナイアシン（ビタミンB_3）の不足によって発症する。トウセロコシにはナイアシンが含まれていないため、ペラグラになるのだ。実際に中世ヨーロッパの貧しい山岳地帯ではトウモロコシばかり食べていたので、ペラグラの患者が多数発生したといわれている（当時は原因不明だったが）。また、現代の貧しいアフリカの国々でも、トウモロコシばかり食べている人々がペラグラになっているという。

実は、アメリカの原住民はトウモロコシを食べる時には石灰水につけるという特別な処理を施していたのだ。こうすることで皮の部分からナイアシンが溶け出すのだ。トウモロコシ原産地ならではの知恵なのだろう。もし、アメリカ大陸からトウモロコシと一緒にこの食べ方が伝わっていたら、ペラグラも防げたと考えられるのだ。

◎イモの王様になったジャガイモ

ジャガイモは世界で一番食べられているイモであり、様々な料理の材料として重宝されていることから、イモの王様と呼んでも差し支えないだろう。

ジャガイモの祖先は標高３０００メートル以上で育つ雑草だったと考えられている。高地で人間が食料にできる植物は、地下茎にデンプンをためるイモの仲間くらいしかなかった。

しかし、イモの欠点は毒を持つことである。イモは根や地下茎で増えるので動物に食べられると繁殖できない。それを防ぐために毒を持つのが一般的なのだ。

ジャガイモにもソラニンという毒があるが、アメリカ原住民は水にさらしたり、低い外気温で凍らせたりすることでイモから毒抜きをする方法を見つけ出した。さらに、栽培化によって毒が少なくて大きく育つジャガイモを作り出したと考えられている。

とはいえ、現代のジャガイモでも、緑色の芽や太陽に当たって緑色になった部分にはソラニンができているので食べてはいけない。毎年、ソラニンによる中毒が報告されていることから注意が必要だ。

ジャガイモは1570年頃に新大陸からスペインに持ち込まれたという説が有力だ。しかし、スペインでの栽培はあまり広がらなかった。ヨーロッパに持ち帰ろうとしたスペイン人が試しに食べてみたところ、芽の毒にあたったためといわれている。

ジャガイモはその後、フランスやドイツ、イギリスなどのヨーロッパの多くの国々に伝わったが、これらの国々でも毒があるなどと言われてほとんど食べられなかった。

転機となったのが、1618年から1648年まで現在のドイツで起こった三十年戦争と呼ばれる国際戦争だ。この戦争の結果、神聖ローマ帝国の人口の約20パーセントが失われ、各国の死者の合計は800万人以上に上ったといわれている。土地の荒廃もすさまじく、コムギやライムギなどの多くの畑が兵士によって踏み荒らされてしまった。このような耕作地の荒廃とそれにともなう食料不足が、ジャガイモの栽培の拡大につながったのだ。

ジャガイモは畑を踏み荒らされても収穫できたし、単位面積当たりの収穫量もカロリー換算でコムギの約2倍ととても高かったためだ。また、16世紀の後半から寒冷化していた気候が、冷涼な環境で育つジャガイモの栽培には適していたこともあった。

現在のドイツ北部からポーランド西部にかけての地域を領土としたプロイセン王国では、フリードリヒ大王（在位：1740〜1786年）がジャガイモ栽培を農民に強制することで、飢饉《ききん》から人々を救ったといわれている。

一方フランスでは、農学者・栄養学者のアントワーヌ＝オーギュスタン・パルマンティエ（1737〜1813年）がジャガイモを食用として広めることに大きく貢献した。彼は戦争でプロイセンの捕虜となったのだが、収容所でジャガイモを食べた経験からその価値に気づき、フランスに帰国した後にジャガイモ栽培の普及に努めたのだ。

彼は、フランス王ルイ16世と王妃のマリー・アントワネットに協力を仰ぎ、ジャガイモの花で作った花束で部屋や衣装を飾ってもらうことで、ジャガイモの認知度を高めていったのである。

また彼はジャガイモが貴重な作物であることを農民に分からせるため、昼間はジャガイモ畑に見張りの兵をつけ、夜になると兵を引き上げさせて、わざとジャガイモを盗ませるように仕向けたという逸話が残っている（プロイセンのフリードリヒ大王にも同様の逸話がある）。パルマンティエの教えに従ってジャガイモを栽培した地域では凶作の年に飢饉を免れたことから、人々はジャガイモの価値を認めるようになり、ジャガイモの栽培がフランスに根付いた。

こうして18世紀にはヨーロッパのほとんどの国でジャガイモが栽培されるようになり、さらに19世紀にはヨーロッパ以外の多くの国々でも主要な作物となった。

なお、日本には1600年頃にインドネシアのジャカルタを拠点にしていたオランダ人によって伝えられたという説が有力だ。そして、ジャカルタという地名から「ジャガイモ」という名前が付けられたといわれている。

さて、ジャガイモには多くのビタミンCが含まれているのだが、このビタミンCが近世の北ヨーロッパの人々を救ったといわれている。

近世までの北ヨーロッパでは、冬になると野菜が育たなくなるため、多くの人々がビタミンC不足に陥っていた。ビタミンCが不足すると、壊血病と呼ばれる病気になりやすい。壊血病では毛細血管が壊れやすくなるため、皮下や歯ぐきなどから出血が起こり、貧血になる。ひどい場合には死んでしまうこともあるのだ。

北ヨーロッパでは、ジャガイモが広まるとともに猛威をふるっていた壊血病がおさまった。ジャガイモは長く貯蔵できるため、野菜が育たない冬場の貴重なビタミンCの供給源になったのである。

◎救世主となったサツマイモ

ジャガイモの祖先が標高3000メートル以上の高地に生育していたのに対して、サツマイモの祖先は標高2000メートル以下の低い土地に生育していたと考えられている。

サツマイモはメキシコからペルーにかけて紀元前3000年頃に栽培化されたと推測されている。サツマイモの祖先と考えられている野生種が「トリフィダ」と呼ばれる植物だ。トリフィダは鉛筆くらいの細い根しか持っていないが、栽培化によって根にたくさんの栄養分が蓄積されるようになり、現在のようなサツマイモが生まれたと考えられている。

この時に起きたのが、染色体の数が数倍に増える「倍数化」という現象だ。ほとんどの動物や野生の植物の多くは同じ染色体を2本ずつ持っている「2倍体」と呼ばれる状態になっている。人間も23の染色体を2本ずつ持っている2倍体の生物だ。倍数化とは染色体を2本ずつよりも多く持つようになることを言う。

野生種のトリフィダは2倍体だが、サツマイモは染色体を6本ずつ持つ6倍体だ。すなわち、サツマイモは栽培化によって元の3倍の染色体を持つようになったのだ。一般的に倍数化が起こるとサイズが大きくなるが、サツマイモの場合は倍数化によって根の部分が大きくなったと推測される。

中南米で誕生したサツマイモは紀元前1000年頃にポリネシア、ニューギニア、ニュージーランド、そしてインドネシア東部に伝わった。その経緯についてはよく分かっていないが、根などが海流で流されたか、鳥によって運ばれたか、あるいはアメリカの原住民が太平洋の島々に移住した時に運ばれたかのいずれかであろうと考えられている。

ヨーロッパへは15世紀の終わりにコロンブスが持ち帰ったといわれている。しかし、暖かい気候を好むサツマイモはヨーロッパの冷涼な気候に適しておらず、ほとんど栽培されなかった。

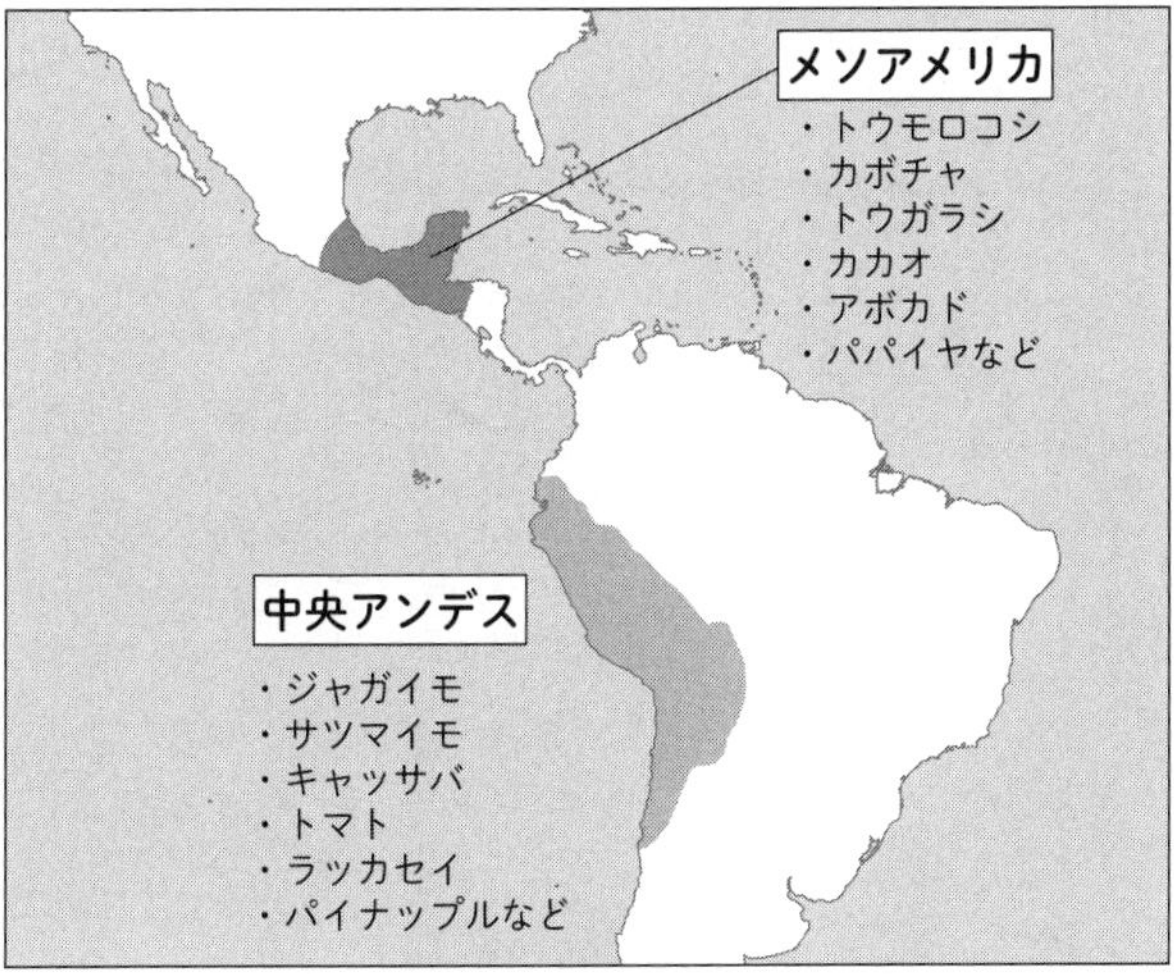

図17　中南米が原産となった作物

一方、アジアでは、16世紀にヨーロッパから中国に伝わり、南部で盛んに栽培されて、多くの人々の食料になったといわれている。また日本では、1600年頃に中国から琉球に伝わり、さらにそれが薩摩に持ち込まれたというのが定説になっている。

サツマイモには他の作物に比べてやせた土地でもよく育つという利点がある。その理由の一つが、空気中の窒素を栄養素に変換する窒素固定細菌がサツマイモの茎に共生しているためだ。逆にサツマイモに肥料をやり過ぎると、葉っぱばかり茂ってしまう。

サツマイモはこのようにやせた土地で育つことから、日本をはじめとして多くの国々で「救荒作物」として人々の命を救ってきた。

江戸時代には、サツマイモが栽培されていた南九州地方で享保の飢饉の時に餓死者が少なかったことから、八代将軍吉宗（在職：1716～1745年）が関東での栽培を推奨した結果、天明の大飢饉（1782～1788年）で多くの人々の命が救われたといわれている。

さて、危機の時の食料としてとても役立つサツマイモだが、近年健康に良い食べ物として世界的にとても注目されているのだ。

サツマイモの根には大量のデンプンに加えて、ビタミンCやビタミンEなどのビタミン類をはじめカルシウムやカリウムなどのミネラル分が豊富に含まれている。また、食物繊維も多く、これは整腸作用や血中コレステロール値の降下作用などの健康面での効用を発揮する。さらに抗酸化物質のβ－カロテンやアントシアニンなども多く含まれており、これらには心臓保護作用、抗炎症作用、抗がん作用、抗糖尿病作用、抗菌作用、抗肥満作用などの効用があると報告されている。

ところで、日本ではサツマイモの葉っぱはほとんど食べられていないが、実はこの葉っぱには健康に良い栄養素が根よりもたくさん含まれているのだ。そのため、多くの論文で葉っぱを食べることを勧めているのである。私も試しに食べてみたのだが、シャキシャキした食感でとても美味しかった。皆さんも一度試してみてはいかがだろうか。

◎最初は危険視されたトマト

トマトの原産地はアンデス山脈の高地であるが、人間による栽培は西暦７００年頃から始まったと考えられている。そして、16世紀にスペイン人がやってきた時には、アステカ人によって栽培品種として確立されていた。

野生種のトマトは果実の大きさが直径１〜２センチだが、栽培化によって３〜５センチと大きくなった。ちなみに、現代では６センチ以上のものが通常で、これはヨーロッパに渡ってからの品種改良によるものだ。

１５２１年にアステカ帝国を征服したスペイン人のエルナン・コルテス（１４８５〜１５４７年）は１５２７年にスペインに一時帰国しているが、この時に初めてヨーロッパにトマトを持ち帰ったという説が有力だ。

ヨーロッパでトマトの学名はSolanum lycopersicumとなったが、これは「ナス族のオオカミの桃」という意味だ。「桃」と名付けられたのは、トマトが桃に近い赤色をしているからだと考えられる。一方「オオカミ」が意味するところは、いつも発情していると思われていたオオカミのように、トマトには発情効果があるとされたからだ。イギリスやフランスではトマトの別名として「愛のリンゴ」が使われていたが、これもトマトの発情効果が念頭にあったからだ。

このように少し危ない植物とみなされたため、トマトが食用として利用されることはしばらくの間なかった。その間は、赤い実がきれいだったことから観賞用として上流階級の邸宅の庭などで育てられていたらしい。

それでも目の前にあると食べようと試みる人が出てくるものだ。中世のイタリアの上流階級には、実験的にいろいろな植物を食べてみようとした人々がいたそうだ。彼らがトマトを食べてみたところ、毒にあたらないし、発情もしないし、何よりもとても美味しかった。それもそのはず、トマトには旨味成分のグルタミン酸が大量に含まれているし、熱すると別の旨味成分のグアニル酸が増えてくるからだ。

こうしてイタリアではトマトを料理に使い出したのである。また、品種改良を進めることで様々な色や形のトマトを作り出していった。

しかし、現在のイタリア料理の定番となっているトマト料理の多くは、19世紀になって考案されたものが多い。その理由は、1861年に統一国家となったイタリア王国の国旗にある。トマトの赤色が緑・白・赤から成る国旗の赤色を象徴するものと考えられたことから、トマトが料理にそれまで以上に頻繁に使用されるようになったのである。それを象徴するのがこの頃に生まれたピザ・マルゲリータで、国旗の緑・白・赤を表すようにバジル、モッツァレラチーズ、トマトからできている。

一方、スペインやフランスでも18世紀頃からトマトが料理に使用され始め、19世紀頃には現在でも食べられている伝統的なトマト料理が作り出されていった。例えばスペイン料理の有名な冷製スープの「ガスパチョ」や、世界三大スープの一つといわれるフランスの「ブイヤベース」も19世紀頃に現在の形が確立したとされている。

さて、これまでの研究から、トマトは健康にとても良いことが分かっている。その要因となっているのが、トマトに含まれる強力な抗酸化物質のリコピンだ。リコピンの抗酸化作用はビタミンEの10倍以上あるといわれており、活性酸素によって体の中が傷つくのを防いでいる。トマトを食べるとリコピンが体内に取り込まれることで効果を発揮するのだが、血液中のリコピン濃度が高いと、がんや骨粗鬆症、認知症になりにくいと考えられている。

リコピンを補充するには必ずしも生のトマトを食べる必要はなく、トマトペーストやトマトジュースなどの加工品でも大丈夫だ。このように毎日でも口に入れておきたい食べ物がトマトなのである。

◎赤いコショウと名付けられたトウガラシ

大航海時代に大海原に乗り出した人々の大きな目的が、香辛料を産するインドへの新しい航路を見つけることだった。コロンブスのねらいも、大西洋を横断してインドに到達することだったが、アメリカ大陸が邪魔をしてしまったのだ。

香辛料を探していたコロンブスは、アメリカ大陸でトウガラシに出合う。コショウとは姿かたちがかなり違っていたが、その辛さからコロンブスはトウガラシをコショウの仲間だと思ったようだ。

現代の私たちから見ると大きな誤解のように思えるが、仕方がなかったのだ。というのも、コショウの辛さもトウガラシの辛さも私たちは同じ体の仕組みを使って感じているからだ。

コショウの辛味成分の「ピペリン」も、トウガラシの辛味成分の「カプサイシン」も、痛覚神経の表面に存在するTRPV1というセンサー分子に結合することで「辛い」という感覚を生み出している。このように同じセンサー分子が働いているため、私たちは2つの辛さを同じと感じてしまうのだ。つまり、トウガラシを食べたコロンブスがコショウと同じ辛さだと思っても仕方なかったということになる。

ただし、ピペリンとカプサイシンの作用の仕方は少し異なっていて、カプサイシンの作用は低い濃度から高い濃度にかけて徐々に強くなるのに対して、ピペリンは低い濃度ではほとんど作用せず、ある濃度以上になると急激に作用が強くなる。これが両者の辛さの違いになっているのかもしれない。

話を歴史に戻そう。コロンブスはスペイン―アメリカ大陸間の航海を4回行っているが、1493年の2度目の航海の時にスペイン王のためにトウガラシを持ち帰った。そしてその後、トウガラシはヨーロッパ各地、特に南ヨーロッパで盛んに栽培されるようになる。コショウに比べてトウガラシの方がずっと栽培が簡単だったため、広まるスピードが速かったと考えられる。

アジアやアフリカには、ポルトガルが開拓した航路によってトウガラシが広まっていった。1593年の記録には、インドのカリカットやインドネシアのモルッカ諸島（香辛料諸島）でトウガラシが栽培されていることが記されている。また16世紀にはインドのカレーでトウガラシが使われるようになった。

日本でも、奈良の僧侶の日記である『多聞院《たもんいん》日記』に1593年にトウガラシを育てたとの記述が残されている。さらに韓国へは、同じ頃に日本を経由してトウガラシが伝わったと考えられている。一方、四川《しせん》料理にはトウガラシが欠かせないが、四川料理でトウガラシが本格的に使用されるようになったのは19世紀に入ってからだと言われている。

◎トウガラシの甘味種の誕生

世界の人口の約4分の1が毎日トウガラシ類を食べているといわれている。このトウガラシ類にはトウガラシやタカノツメのように辛い辛味種と、シシトウやピーマン、パプリカのように辛くない甘味種がある。甘味種はトウガラシの品種改良から生まれたものだ。

一般的に熱帯などの暑い地域では辛いトウガラシをよく食べて、それ以外の地域では辛くないシシトウやピーマン、パプリカなどを食べる。例えばインドや東南アジア、アフリカ、中南米などの暑い地域ではトウガラシをたくさん使った辛い料理が多く食べられている。このように暑い地域で辛い料理を食べるのは、発汗を促して体を冷やすためと、食欲を増進するためといわれている。

一方、ヨーロッパではパプリカなどの甘味種が主に使われ、また辛いトウガラシが使われる料理でもかなりマイルドな辛さになっている。

トウガラシやタカノツメなどの辛味種が辛いのは、辛味成分の「カプサイシン」が含まれているからだ。カプサイシンが口の中に入ると痛覚神経が刺激されて「辛い」という感覚が生じる。また、交感神経が活発化することで発汗が促進され、心臓の動きも激しくなるのだ。

トウガラシの赤色が辛味の成分だと思っている人がいるが、それは誤りで、あの赤色は辛味とは関係のないカロテンの仲間の「カプサンチン」の色だ。赤いパプリカの色はこのカプサンチンのせいで、カプサンチンが少ないと黄色のパプリカになる。ちなみにピーマンは緑色をしているが、これは未成熟のためであり、成熟すると赤色や黄色などに変わるものが多い。

ヨーロッパで最初にトウガラシを熱烈に受け入れたのがハンガリー人だ。しかし、ハンガリー人は辛いものがとても苦手なようで、トウガラシが伝えられた当初は、辛味成分が濃縮されているトウガラシ内部の隔壁と呼ばれる部分を丁寧に取り除くという涙ぐましい作業をしてトウガラシを食べていたらしい。

一方でハンガリー人は、品種改良の努力も続けていた。そして20世紀になって、辛くない

「パプリカ」を生み出すに至るのである。ちなみにパプリカではカプサイシンを作り出す時に働く最後の酵素が壊れているため辛くならないのだ。

もっとも代表的なハンガリー料理であるグヤーシュには、パプリカの粉末がたくさん使用されていて、独特の風味を楽しめる。グヤーシュは日本の味噌汁のような存在で、本来は牛肉と野菜が具材だったが、最近では何の肉を入れてもいいらしい。

ところで、現代のイギリスやオランダ、ドイツではトウガラシ料理はほとんど食べられない。その理由は宗教にある。トウガラシがヨーロッパに広まった頃はカトリックとプロテスタントの争いが激しい時で、トウガラシを伝えたスペインがカトリック国だったため、当時プロテスタント国だったイギリスやオランダ、ドイツ(プロイセン)がトウガラシを受け入れなかったのだ。宗教は食の世界にも大きな影響を与えるものなのだ。

◎チョコレートの歴史

日本人は海外の生活が長くなってご飯を食べられなくなると、ご飯を食べたくて仕方がなくなるという話はよく聞く。

このように特定の食品をどうしても食べたくなることを専門用語で「食物渇望」と呼んでいる。日本ではご飯が食物渇望を生み出す食べ物の上位にくるが、海外ではチョコレートが食物渇望を生み出す食品のナンバーワンの座を占めている。

チョコレートの原料はカカオ（カカオノキ）の種子だ。カカオの原産地は中央アメリカで、紀元前２０００年頃からカカオの種子は飲料の原料として利用されていた。カカオノキの種子には40〜50パーセントほどの脂肪分が含まれていて、これがチョコレートになるのだ。

15世紀前半からメキシコ中央高原で栄えたアステカ帝国では、カカオは地方からの重要な貢納品《こうのう》だった。このように宮殿に集められたカカオは、儀式の際に神々へのお供え物となった。マヤ文明においてもアステカ帝国と同じように、カカオは神々に捧げる神聖な食べ物とみなされていたという。

また、アステカ帝国においてカカオは通貨の役割も果たしていた。アステカ帝国ではスペイン人がやってくるまでいわゆる通貨は存在していなかったが、物物交換では不便なため、神聖で価値の高いカカオが通貨の代わりに使用されていたのだ。ちなみに、オスの七面鳥はカカオ２００粒、野ウサギはカカオ１００粒、トマトはカカオ１粒と交換されたらしい。

このように価値の高いカカオを口にできるのは上流階級の者だけだった。マヤ文明でもアステカ帝国でもカカオは飲料（ショコラトル）として飲まれていた。

ショコラトルを作るためには現代のチョコレートを作るように、カカオ豆を発酵させたのち火であぶって焙煎し、それをすりつぶしてペースト状にした。それを水に溶き、風味付けのためにトウガラシやバニラ、トウモロコシの粉などが入れられた。現代のチョコレートのように砂糖は入っていなかったので、甘くはなかった。また、脂肪分が多いため、攪拌棒《かくはんぼう》でかき混ぜながら飲んだらしい。

カカオには脂肪分が多いためエネルギー価が高く、またカフェインによく似たテオブロミンを大量に含んでいるため、覚醒作用や興奮作用がある。このような理由から、中央アメリカではショコラトルが好んで飲まれたのではないかと思われる。また、現代においてチョコレートが食物渇望を生み出すのも、チョコレートに大量に含まれている脂質と砂糖、そしてテオブロミンのためだと考えられる。

◎ヨーロッパにやってきたチョコレート

カカオがいつスペインに持ちこまれたかについては正確なことは分かっていない。ネット上では、1504年にコロンブスが持ち帰ったとか、アステカ帝国を征服したエルナン・コルテスが1528年にスペイン国王に献上したとか書かれていたりするが、どちらも根拠に乏しいようだ。

ヨーロッパの記録にカカオが最初に登場するのは1544年のことだ。キリスト教修道士にともなわれてスペインにやってきたマヤ族の貴族が、スペイン皇太子のフェリペに泡立てたカカオ飲料を献上したとされている。

本格的に貿易品としてカカオがアメリカ大陸からスペインに運ばれるようになったのは、1585年になってからのことだ。しかし、それ以前に中央アメリカを支配したスペイン移住者たちの間でカカオは重要な飲料としての地位を固めていた。

その経緯は次の通りだ。

エルナン・コルテス率いるスペイン軍が1521年にアステカ帝国を滅ぼすと、中央アメリカは植民地としてスペイン人によって支配されるようになった。その頃のスペイン人は、カカオの実が中央アメリカで通貨として利用されるほど価値が高いことは理解していたが、積極的に口にしてみようとは思わなかったようだ。あるスペイン人はカカオ飲料を「人よりもブタにふさわしい飲み物」と断じている。

しかし、時が経つにつれてスペインからの移住者の間に原住民の文化が浸透してきた。インディオの女性がスペイン人の妻や妾《めかけ》として台所を任されていたことや、現地で生まれたスペイン人の子供たちが成長してきたことが、その大きな要因になったと考えられる。

こうしてスペイン人たちはコムギの代わりにトウモロコシを食べるようになったし、カカオ飲料も口にするようになった。特に上流階級の女性の間でカカオ飲料が大変好まれるようになったそうだ。

ただし、スペイン人の好みに合わせてカカオ飲料も変化したようだ。スペイン人になじみのある砂糖や、トウガラシの代わりにシナモンやコショウ、アニスなどが入れられるようになった（バニラはそのまま使われた）。また、アステカ帝国のカカオ飲料は冷たかったのに対して、スペイン人たちは温かいカカオ飲料を好んで飲んだ。

ところで、アステカ帝国の時代までカカオを口にできるのは上流階級や兵士だけだったが、スペイン人が支配すると一般庶民もカカオ飲料を飲むようになった。この背景にはカカオ栽培の広がりがあった。カカオが儲《もう》けになることを知った人々が盛んにカカオを栽培するようになり、価格が下がったのだ。

大量に生産されるようになったカカオは、スペイン本国にも送られるようになる。当時はスペイン―アメリカ大陸間には頻繁に輸送船が行きかい、多くの物資が運ばれていた。その一つとしてカカオがスペインに運ばれるようになったのだ。そして17世紀になると、スペイン宮廷を中心に上流社会でカカオ飲料が大流行するとともに、一般庶民も大きな催事の際などにカカオ飲料を楽しむようになった。

スペインに伝わったカカオは、ポルトガルやスペインが支配していたイタリア南部にも広まった。そして、ヴェネツィアやジェノヴァ、フィレンツェなどの小国やローマ教皇領などがひしめき合っていた北イタリアへも伝わった。

一方、フランスにカカオがいつ、どのように伝わったかについてはよく分かっていない。もっとも古い確実な記録は、ルイ14世（在位：１６４３～１７１５年）が１６５９年にダヴィッド・シャリューという商人にフランス国内のカカオ製品の製造・販売の独占権を与えるとした勅許文だ。そのため、これ以前に伝えられていたと考えられている。

１６６０年にスペイン王女のマリア・テレサがルイ14世と結婚した。彼女はスペイン王宮から連れてきた女官たちとカカオ飲料を日々楽しんだといわれている。おそらくこの行為がフランスの上流階級にカカオを定着させる役割を果たしたのだ。というのも、マリア・テレサがやってきた頃は、カカオ飲料は高貴な女性にふさわしくないとみなされていたのだが、その後急速に上流階級の女性にも飲まれるようになったからだ。そして宮廷の公式行事では、常にカカオ飲料がふるまわれるようになったという。

さて、16〜17世紀のカトリック教会においては、カカオ飲料を様々な断食日に飲んでよいのかという議論が長く続いていた。実は、カカオだけでなく、コーヒーや茶、ジャガイモ、トウモロコシ、トマトなどの新しい食品について宗教的に許されるかという議論が起こっていたのだ。しかし、現代社会の様子からも分かるように、これらの新しい食品はキリスト教に受け入れられ、ヨーロッパ社会に広まっていったのである。

◎感謝祭の始まり

アメリカでもっとも大切な祝日の一つに、11月の第4木曜日の感謝祭（Thanksgiving Day）がある。感謝祭ではシチメンチョウ（七面鳥）の丸焼きを食べるのが慣習になっている。また、丸焼きになるはずだったシチメンチョウにアメリカ大統領が恩赦を与えるセレモニーがホワイトハウスで開かれたりもする。

感謝祭の起源は、1620年にメイフラワー号でイギリスから北米に渡ったピューリタン（清教徒）が1621年に開催した収穫祭だといわれている。

イギリス最初の永続的な植民地となったのは、大西洋岸の中南部バージニア州のジェームズタウンだ。1620年にメイフラワー号でイギリスを脱出したピューリタン102名も当初はジェームズタウンを目指したのだが、船に積んでいた飲料水代わりのビールが尽きたため、現在のボストンにほど近いプリマスに上陸したといわれている。

ピューリタンの移住者はいわゆる中産階級の人々で、農業や漁業、狩猟の経験がなかった。また、食べ物に関する融通性に乏しく、食べたことがない物を口にすることに抵抗があった。そのため、船で運んできた食料を食べつくしてしまうと、飢えに苦しむようになったのだ。

そうして、12月に上陸した102名のうち約半数は春を迎えるまでに亡くなってしまう。特に女性はイギリスの食に対するこだわりが強かったため、29名のうち4名しか生き残らなかったといわれている。

それでも約半数が生存できたのはアメリカ原住民のおかげだといわれている。彼らは移住者たちに食べ物を分けてくれたし、食べられる食材も教えてくれたのだ。アメリカは豊かな土地であり、森には食料となる動物や野鳥がたくさんいるし、ナッツやベリーなどの木の実も豊富だ。また、海岸に出ればクラムやムール貝がゴロゴロ転がっていた。

翌年の春になると、アメリカ原住民はトウモロコシの育て方を教えてくれた。トウモロコシは単位面積当たりの収穫量がコムギの約3倍になるほどの優秀な穀物だ。また、アメリカ原住民は1年に3回の収穫ができる栽培法を確立していたため、移住者の食料事情は一挙に好転した。

移住者たちは11月になるとお世話になったアメリカ原住民を招いて収穫祭を開いた。これがアメリカの感謝祭の始まりだ。宴にはシチメンチョウなどの野鳥やシカ、ハマグリの料理や、トウモロコシの粉で作ったコーンブレッドなどが並んだといわれている。

こうして、1620年にピューリタンが上陸して始まったニューイングランドの植民事業は、原住民の助けを借りて大成功をおさめるようになったのである。

さて、感謝祭のメインディッシュであるシチメンチョウであるが、英語では「Turkey（ターキー）」と言い「トルコ」という意味になる。その当時のヨーロッパでは、オスマン帝国から伝わったものに Turkey の名を付けることが多かった。オスマン帝国からはアフリカ原産のホロホロチョウがヨーロッパに持ちこまれ、これを Turkey と呼んでいたのだが、シチメンチョウとホロホロチョウの見た目が似ていたため、両者を混同してシチメンチョウもTurkeyと呼ぶようになったのである。

◎茶の歴史

次は茶の歴史と、紅茶がアメリカ独立のきっかけになった話だ。

茶は中国が原産地で、最初は上流階級の飲み物だったが、唐代（６１８〜９０７年）には知識人にも普及し始め、宋の時代（９６０〜１２７９年）には一般庶民の間でも広く飲まれるようになった。一方、日本には遅くとも平安時代（７９４〜１１８５年）の初期までに伝えられ、最初は貴族層や寺院だけで飲まれていたが、室町時代（１３３６〜１５７３年）になると茶屋などが発達し、一般庶民も茶をよく飲むようになった。

茶が広く飲まれるようになった大きな理由に、茶が健康に良いことが経験的に分かってきたことがあると考えられる。例えば、臨済宗の開祖である栄西《えいさい》（１１４１〜１２１５年）は著書の『喫茶養生記』で「茶は養生の仙薬で、長寿を望むのなら飲むべし」と記している。

茶に含まれる有効成分にはカフェイン、カテキン類、テアニンがある。カフェインには覚醒・興奮作用や運動能力促進作用などがある。また、カテキン類は抗酸化物質で、高血圧、動脈硬化、肥満を改善する効果や、がん、老化を防止する効果がある。さらに、テアニンにはリラックス効果や記憶・学習を助ける効果が知られている。これらの良い効果を実感することで、茶が好んで飲まれるようになったのだろう。

なお、昔も今も、中国や日本において一般的に飲まれる茶の大部分は「緑茶」だ。これは、摘み取った茶葉をすぐに熱処理したものだ。こうすることで茶葉に含まれる酵素が働かなくなる。一方、摘み取った茶葉に傷をつけたり、よく揉むなどして酵素が働くようにすると、次第に独特の風味と渋味が生まれてくるとともに色が黒くなる。こうして作られたのが「烏龍茶《ウーロン》」や「紅茶」だ。

16世紀になっていち早くアジアに進出してきたポルトガルは、中国や日本で「茶」に出合い、その様子を本国に報告している。実際に最初に茶をヨーロッパに持ちこんだのはオランダ東インド会社で、1610年のことだ。茶と一緒に茶道具も中国や日本から輸入され、ヨーロッパにおける喫茶文化が始まった。なお、中国や日本に倣《なら》って、この頃の茶はほとんどが緑茶だったといわれている。

オランダ東インド会社が運んできた茶は1650年代になるとオランダに加えてフランス

やイギリスなどにも持ち込まれて、コーヒーハウスなどで飲まれるようになった。そしてコーヒーと同じように砂糖を入れて飲むことも始まった。サフランを添えることもあったという。

１６６２年にイギリス王チャールズ２世に嫁いだポルトガル王女キャサリンは、茶と砂糖、茶道具を持参し、イギリス王宮に喫茶文化を紹介した。こうして上流階級でも茶を飲む風習が広まっていった。この高まる需要に応えるために、１６６９年になるとイギリス東インド会社は独自に中国から茶の輸入を始めるようになった。

イギリス人が中国人と直接茶の取引を行うようになると、茶には緑茶の他に紅茶などの別の種類のものがあることが分かってきた。そして、タンニンが多くて濃い味の紅茶の方がイギリス人の嗜好《しこう》に合ったため、次第に紅茶の方が多く飲まれるようになった。こうしてイギリスの上流階級では、紅茶はなくてはならないものになっていった。もちろん、紅茶には砂糖をたっぷり入れて飲むのが英国流なのだ。

◎ボストン茶会事件

「ボストン茶会事件（Boston Tea Party）」はアメリカ独立戦争（1775〜1783年）のきっかけとなった出来事としてとても有名な事件で、多くの教科書や書籍に取り上げられている。

この事件は、1773年12月に、マサチューセッツ植民地のボストンで先住民の格好に扮《ふん》した植民地の人々がイギリス東インド会社の貨物船を襲い、積み荷の紅茶を海に投棄したというものだ。翌朝たくさんの茶葉が海に漂っていて、それがティーポットのように見えたため、昨夜「茶会」が開かれたというジョークが生まれて「ボストン茶会事件」と呼ばれるようになった。

この事件が起きた経緯は次の通りだ。

海外のイギリスの植民地で上流階級の人々は、本国のジェントルマンを真似《まね》て紅茶を飲むことを習慣としていた。紅茶だけでなく、その他の食事や飲み物、服装などの生活スタイルをジェントルマンに合わせることがステイタスとなっていたのである。そのため、イギリスから多くの生活必需品を輸入する必要があった。

このような状況で起きたのがヨーロッパの国々が戦った「七年戦争」（１７５６～１７６３年）だ。この戦争では、プロイセンとオーストリアの戦いに、イギリスはプロイセン側で参戦し、フランスとロシアはオーストリア側で参戦した。イギリスとフランスは北米でも戦い、これはフレンチ・インディアン戦争（French and Indian War）と呼ばれる。

北米での戦いはイギリスが勝利し、カナダやルイジアナなどのフランスの植民地のほとんどがイギリスの領土となった。しかし、この戦争での両国の出費は莫大《ばくだい》なものとなり、それぞれの国の財政を大きく圧迫することとなる。

するとイギリス政府は戦争の支出をアメリカの植民地に負担させることを決定し、課税を強化した。例えば、１７６５年に印紙法と呼ばれる消費税のようなものを導入し、あらゆる物品から税を徴収した。また、イギリス本国の産業を保護するため、アメリカ植民地での経済活動を制限した。

当然、アメリカ植民地の人々は反発した。イギリスからくる商品の不買運動を行い、植民地内で生産される物品だけで生活する機運が高まっていったのである。つまり、イギリスのジェントルマンの真似をやめて、アメリカ独自の文化をつくろうとする動きが始まったのである。

このような反発を受けてイギリス政府は印紙法を撤廃するが、1767年には再び茶や紙、ガラスなどに税金をかけるようになる。この時も植民地の人々の激しい反発に遭って、ほとんどの税金を廃止したが、茶の税金だけは残ったのだ。

そうして1773年に起きたのがボストン茶会事件だ。この事件に対してイギリス政府は1774年に懲罰的な法律を施行し、イギリス政府と植民地の間の対立はますます深まっていった。そして1774年にフィラデルフィアのカーペンターホールで、独立運動の嚆矢《こうし》となる第一回大陸会議がジョージアを除く12植民地の代表によって開催されたのである。

その後、ますます独立の機運が高まり、ついに英国との間に独立戦争が始まるのである。

◎コーヒーハウスと新聞、小説、そして保険

前章で、1517年にオスマン帝国がイスラム社会を統一すると、コーヒーを飲む習慣がオスマン帝国に持ち込まれて定着したという話をした。オスマン帝国と交易を行っていたヴェネツィアの商人はこの様子を見て、コーヒーがヨーロッパでも受け入れられると考えたようだ。そして16世紀末からコーヒーの貿易を始めた。同じ頃にオスマン帝国との貿易を開始

したイギリスのレヴァント会社もこのコーヒー貿易に参画した。そして、ヴェネツィアとレヴァント会社は協力してコーヒーの貿易を行うようになったのである。

17世紀に入るとイギリスとオランダで東インド会社が設立され、船団が喜望峰を回ってインド洋にやって来るようになった。主な目的地はインドや東南アジアだったが、その途中で補給や船の修理のためイスラムのコーヒー輸出の中心だったモカ港近くに寄港した。そして東インド会社の人々は、モカ港から大量に輸出されるコーヒーを目の当たりにした。

香辛料ほどではなかったが、彼らにはコーヒーもとても魅力的な商品に見えたようだ。そこで現地のトルコ商人と交渉を行い、コーヒーの貿易を開始した。それ以降、モカ港から大量のコーヒーが船でヨーロッパに運ばれるようになり、また価格もヴェネツィア・レヴァント会社のコーヒーよりもずっと安くなったことから、ヨーロッパ中にコーヒーが出回るようになった。

このようなコーヒーの安定的な供給の結果、１６４５年のヴェネツィアでのコーヒーハウスの開店を皮切りに、ヨーロッパの各地でコーヒーハウスが誕生するようになった。例えば、１６５０年にはロンドンで、１６６６年にはアムステルダムで最初のコーヒーハウスが開店した。

さて、イギリスを始めとするヨーロッパのコーヒーハウスは単にコーヒーなどを飲むだけでなく、人々の情報交換の場としても大きな役割を果たした。その結果、コーヒーハウスでは、現代社会でも重要な様々なものが誕生した。

その一つが新聞や雑誌などの情報紙だ。当時は新聞などの情報紙は政府が出す官報くらいしかなかったが、あるコーヒーハウスの店主が手書きの新聞を置き始めたところ、それが人気を博し、それぞれのコーヒーハウスに新聞や雑誌が置かれるようになったのだ。こうしてコーヒーハウスで情報産業が誕生したのである。

また、コーヒーハウスによって、小説も大きく発展した。コーヒーハウスには作家が集まり、最新の出版物や時事問題について議論し合った。こうした議論や情報交換を通して、新しい小説作品が生み出されていったのである。

さらにコーヒーハウスは、店ごとに特定の職業の顧客を扱うように専門化することで、株式会社や保険業を誕生させることになった。例えば、保険業で有名な「ロイズ」の前身もコーヒーハウスだ。ロイズは東インド会社の関係者を専門の顧客とした結果、海上保険を売り買いする場として発展していったのだ。

また、コーヒーハウスでは株や国債の売買も行われた。株式投資について世間の理解がまだまだ進んでいない頃だったが、一獲千金《いっかくせんきん》を狙った人々がコーヒーハウスで株の売買を行ったのである。

このようにコーヒーハウスは、政治・経済・文化・芸術・報道などの発展において極めて重要な役割を果したと考えられている。

◎砂糖プランテーションの拡大

ヨーロッパが世界の中心的な存在に成長して行くための大きな礎になったのがプランテーションだ。ヨーロッパ諸国がアメリカなどで植民地を築いた際、多くの場所でプランテーションが作られた。

プランテーションは、主に砂糖、綿花、タバコ、コーヒー、カカオなどの商品作物を大規模に生産するための農園だ。労働力として奴隷を使用することが一般的で、アフリカから数百万人のアフリカ人が奴隷としてアメリカ大陸に運ばれたと言われている。

プランテーションで生産された砂糖などの商品作物は国際市場で取引され、莫大な利益をヨーロッパにもたらした。その様子を砂糖のプランテーションを例に、詳しく見ていこう。

アメリカに最初にサトウキビを持ちこんだのはコロンブスだ。1493年の第2回目の航海の際に、コムギやオオムギ、ブドウなどとともにサトウキビの苗木をカリブ海のエスパニョーラ島に運んできたのだ。こうして、この島でサトウキビの栽培と砂糖の生産が始まった。

1516年にはエスパニョーラ島に最初の製糖工場が建設され、本格的な砂糖プランテーションが始まった。エスパニョーラ島で始まった砂糖プランテーションはその後、キューバなどのカリブ海の島々に広がって行った。

一方、ポルトガルは、ブラジルの海岸地域や沖合の島々に大農園を作り、1530年頃からサトウキビの栽培と砂糖の製造を始めた。1540年までにブラジルでは1000以上の砂糖プランテーションが開発されていたと言われている。

ポルトガル人は、初めは主に原住民を奴隷として用いてサトウキビの栽培を行っていたが、過酷な農作業のため原住民が死亡したり逃亡したりしたため、1570年頃から植民地としていた西アフリカから黒人奴隷を導入するようになった。ポルトガルはすでにマデイラ諸島やカナリア諸島、そして西アフリカ沖の島々で黒人奴隷を用いたサトウキビの栽培を行っており、そのシステムを持ちこんだのだ。

スペインが支配していたカリブ海の島々では、主にヨーロッパから持ち込まれた感染症によって奴隷として働いていた原住民が著しく減少したため、ポルトガルにならって黒人奴隷を使用するようになった。スペインは現在のメキシコやペルーなども植民地化し、砂糖のプランテーションを建設して行った。しかし、そこでも感染症によって原住民が激減したため、黒人奴隷を導入するようになった。

ここで、砂糖プランテーションにおけるサトウキビの栽培と砂糖の生産の各過程について見てみよう。

まず、農地を耕し、サトウキビの枝を植える。そうすると、枝から根が出て来て養分を吸い上げ、新しい芽ができる。この芽を大きく育てるのだ。そのためには雑草を丁寧に取り除く必要がある。雑草取りは1日に3度行われたという。

サトウキビが熟してくると、釜の燃料のための木々を伐採して薪を作る。そしてサトウキビの刈り取りを始めるのだ。

収穫したサトウキビはすぐに圧搾機にかける必要があった。放っておいて水分が蒸発すると汁が出なくなるからだ。そのため、圧搾機を備えた製糖工場がサトウキビ畑のすぐ近くに建てられた。そして、圧搾機の処理量に合わせてサトウキビが刈り取られ、数か月間にわたって毎日のように刈り取りと圧搾、そして砂糖の精製が行われたという。

圧搾機を通して出て来た搾り液は大きな窯に流し込まれ、薪がくべられて煮詰められる。浮かんでくるアクは不純物であるため絶えず取り除かなくてはいけない。こうして十分に煮詰まった液を冷やすと、砂糖が結晶化してくる。この時の砂糖はまだ茶色で、これを粗糖と呼ぶ。白い砂糖を得るためには、粗糖を再び水に溶かして石灰などによって不純物を除去したのち、結晶化を行う。このようなサトウキビの栽培と砂糖の生産が中南米の各地の植民地で行われていたのである。

中南米におけるスペインとポルトガルの植民地のほとんどは、16世紀初頭から19世紀の始めまで続いた。しかし、その間は安泰だったかと言うと、そうではない。海洋新興国であるイギリス・フランス・オランダがラテンアメリカに進出してきたのだ。

最初は帆船を派遣して海賊行為を行っていたイギリス・フランス・オランダは、やがてカリブ海の島々を強奪して海賊行為の本拠とするとともに、植民地として開発を行った。イギリスはジャマイカやバルバドス、トリニダード=トバゴなどを、フランスはサンドマング（エスパニョーラ島西部で後のハイチ）やマルティニクなどを、オランダはキュラソーなどをそれぞれ植民地化した。そして、ジャマイカやバルバドス、サンドマングなどでは、砂糖が盛んに生産されるようになるのである。

イギリス・フランス・オランダのカリブ海の植民地では粗糖までが作られたのち、それが本国に送られて砂糖の精製作業を行うというシステムが構築されていた。精製作業には高度な技術が必要だったからと言われている。

◎資本主義社会へ

近世においては大航海時代の始まりによってアメリカ大陸の食べ物が世界中に広まるという激動の変化が、食の世界で起こった。その結果、それまでとは全く違う食べ物が食卓に並ぶようになったのだ。

続く近代では、欧米を中心に産業革命が起こり、資本主義社会が発達していく。そうして、食の工業化や大量消費の時代が始まるのである。

次章では、このような新しい時代の食の世界を見ていこう。

第6章

近代の食

――食の工業化が人口爆発を引き起こした

近代は、西洋史では18世紀終わりのフランス革命から第二次世界大戦までとされることが多い。一方、日本史では通常、明治維新から第二次世界大戦までとされる。

この時代の最大の出来事の一つが産業革命だ。18世紀後半にイギリスで始まった産業革命はフランスやドイツ、アメリカなどの西欧社会に広がっていく。これによって、それまでの農業を中心とした社会から工業を主体とする社会へと変化していった。

このような新しい社会では、資本家は工場を造り、そこに労働者を集めて様々な商品を大量生産するようになった。例えば食の世界では、工業化の進展によってびん詰めや缶詰に代表される食の工業生産が始まった。

こうして大量生産された製品は市場に広く流通するようになる。その結果、以前は上流階級しか口にできなかった食べ物が一般大衆へも深く浸透していくという食の大衆化が進むのである。

さらに、この時代にはその後の人類史に大きな影響力を及ぼすことになるハーバー＝ボッシュ法が開発された。これは、空気中の窒素から化学肥料を作る目的で開発されたもので、この方法によってそれまで天然の資源に頼っていた肥料が、工業的に大量に製造できるようになった。その結果、農業による食料生産能力が格段に向上することになる。そしてこれが世界人口の急激な増加を引き起こす要因となったのだ。

また、近代から科学技術が加速度的に進展していくが、これが食の世界を大きく変化させる。例えばビタミンやアミノ酸などの生命の維持に必要な栄養素が次々に明らかになった結果、食と健康の関係が科学的に理解されるようになっていく。

本章では、このように産業革命や科学技術の進展によって大きく変化した食の世界について見ていこう。

◎ホワイトブレッドとベーキングパウダー

産業革命期のイギリスでよく食べられたパンが「ホワイトブレッド」と呼ばれるもので、これが日本の「食パン」の元祖といわれている。ただし、食パンは断面が長方形だが、ホワイトブレッドは山型だ。

食パンは、発酵させたパン生地をフタつきの角型に入れて焼いて作る。外側が型にくっつくことで平らになるため、直方体のパンが出来上がるのだ。一方、ホワイトブレッドの型にはフタが付いていないため、パンのてっぺんは山型になり、生地の中の気泡も大きくなる。

また、大きさも日本の食パンよりも一回りほど小さい。

ホワイトブレッドは、角張っていて収納性が高いことから、大航海時代の帆船に載せるために生み出されたといわれている。そして産業革命期に入ると、労働者の朝の食事の定番となった。

労働者は、日曜の安息日にはたくさんの酒を飲むため、二日酔いの月曜は仕事をほとんどしないのが長年の習慣になっていた。ところが産業革命期になると、月曜の朝から毎日規則正しく働く人が増えてきた。そして、毎日元気よく働くために、安価でエネルギーが豊富な朝食が求められるようになった。その要求に応えたのがホワイトブレッドなのだ。効率良く焼くことができて収納性の高いホワイトブレッドが、多くの人々に重宝されたのだ。

また、産業革命期のイギリスでは、アフタヌーン・ティーなどで紅茶と一緒に軽食を食べることが習慣化した。この軽食としてよく食べられたのがホワイトブレッドだった。ちなみに、イギリスでは薄く切ったホワイトブレッドをカリカリにトーストして、ジャムなどをたくさん塗って食べるのがふつうだ。また、ホワイトブレッドはサンドイッチにも使用され、これもアフタヌーン・ティーでよく食べられた。

上流階級に人気だったのが、キュウリのサンドイッチだ。冷涼なイギリスでキュウリを食べられるのは温室栽培できる金持ちだけだったため、一つのステイタスシンボルになっていたのである。

ホワイトブレッドの他に、朝食やアフタヌーン・ティーでよく食べられていたのが「イングリッシュ・マフィン」だ。これは発酵生地で作った平たい小さいパンで、食べる時には手やフォークで水平方向に２つに割ってトーストし、バターなどを塗って食べる。また、ベーコンや卵をはさんだサンドイッチも作られた。

図18　ベーキングパウダーで作られるスコーン

また、産業革命期のイギリスでは、酵母を使わずにパン生地を膨らませることができる「ベーキングパウダー」が発明された。人が長い間使用してきた酵母は、糖分を分解して二酸化炭素を放出するのだが、重曹と酒石酸を組み合わせたベーキングパウダーを生地に混ぜ込むと、同じように二酸化炭素が放出されて生地が軟らかく膨らむのだ。

19世紀半ば頃から、ベーキングパウダーを用いて、現代のアフタヌーン・ティーの定番となっている「スコーン」や「ヴィクトリア・サンドイッチ」などのパンやケーキが作られるようになる（205ページ、図18）。

ヴィクトリア・サンドイッチは、小麦粉、卵、砂糖、バターを同量ずつ混ぜ、そこにベーキングパウダーを入れて焼き上げて作る。このケーキの名前の「ヴィクトリア」は、当時のイギリス女王だったヴィクトリア（在位：1837〜1901年）に由来している。彼女は1861年に最愛の夫のアルバート公を亡くし、毎日悲しみに沈んでいた。その時にほんの少しだけ悲しみを和らげたのが、このヴィクトリア・サンドイッチだといわれている。

◎大衆化した紅茶

イギリスの飲み物といえば、すぐに「紅茶」を思い浮かべる人が多いと思う。実際にイギリス人は紅茶を1日に5杯程度飲むといわれており、日本人が毎日たくさんの「緑茶」を飲むのとよく似ている。

この緑茶と紅茶は見た目も風味もかなり別物だが、両者はともにチャノキの葉から作られる。しかし、作り方が異なっているので、色と風味が別物になるのだ。

　緑茶の場合は、摘んだ葉をすぐに蒸す。こうすることで、茶の葉に含まれる酵素が壊れ、茶本来の風味を楽しむことができるのだ。また、茶の色も薄くなる。

　一方、紅茶の場合は、酵素がよく働くようにする。つまり、摘んだ葉を揉むことで酵素をしみ出させ、しばらく置くことで酵素反応を進めるのだ。そうすると、茶の葉に含まれるカテキンなどが酸化され、独特の風味と濃い色合いが生まれるのである。なお、茶の業界ではこのような酵素による変化を「発酵」と呼んでいる。発酵とは微生物の働きによって食品が変化することだが、茶の世界では微生物が働かなくても発酵と呼んでいるのだ。

　さて、イギリスで茶を飲み物として楽しむきっかけをつくった人物が、国王チャールズ2世（在位：1660～1685年）の王妃として1662年にやってきたポルトガル王女キャサリンだ。キャサリンはポルトガルから中国産の茶と大量の砂糖を持参し、宮廷で毎日砂糖入りの茶を飲むようになったという。すると、貴族がキャサリンを真似て、彼らの間で茶を飲む習慣が広まっていったのだ。ただし、この頃の茶はまだ緑茶だった。

　イギリスでは、新しい習慣は上位の階級から下位の階級に広まっていくのが常である。茶を飲む習慣も、貴族階級から高級官僚、そしてジェントリー（下級地主）の間に広まった。

そして、ついには一般家庭でも茶が飲まれるようになるが、その立役者となったのがトマス・トワイニングだ。

トマスは、１７０６年にロンドンでコーヒーハウスをオープンしたが、彼はその店で茶を飲ませるだけでなく、茶葉の小売りも始めたのだ。茶葉を買えば、いつでも好きな時に自宅で茶を楽しめる。このトマスの試みは大当たりし、茶葉の売り上げはそれ以外の商品を上回ったという。この成功を受けて、多くの店で茶葉が販売されるようになり、一般家庭にも茶を飲む習慣が浸透していくことになる。

ところが、18世紀に入ると、イギリスに輸入される茶は緑茶に代わって紅茶が増えてきた。イギリスで紅茶が好まれた理由として、中国とイギリスの「水」の違いがあるといわれている。イギリスの水はミネラル分の多い硬水で、緑茶だと色がつくだけで、味と香りがほとんどないらしい。一方、紅茶などは軟水で淹れると風味が強すぎるが、イギリスの水だといい具合にマイルドになるということだ。

こうして18世紀半ばになると、輸入される茶の大半が紅茶になるとともに、輸入量も順調に増えていった。また、この頃には夕食の時間が遅くなったことから、菓子などの軽食と紅茶を飲む「アフタヌーン・ティー」の習慣が定着したとされている。

ところで、イギリスではミルクティーが一般的だが、この飲み方が広まったのもちょうどこの頃だ。その理由としては、一般家庭用に出回っていた低品質の紅茶を美味しく飲むためにミルクと混ぜたという説が有力だ。しかし、この飲み方がイギリス人には一番美味しかったようで、上流階級にも広まった結果、イギリスでの一般的な飲み方になったのである。

さらに時代が進むと、紅茶は産業革命を担った労働者のための大切な飲み物になった。18世紀後半以降の労働者は、朝食と午後のティー・タイムには必ず紅茶を飲むようになったのだ。紅茶に入れられた砂糖は働くためのエネルギー源になったし、多く含まれているカフェインも脳を覚醒させて仕事の効率を上げたからだ。

こうして19世紀までに紅茶はイギリス社会の隅々にまで定着したのである。

なお、コーヒーは19世紀の終わり頃になって、ブラジルなどでコーヒーが増産されることで価格が下がったことから、労働者などにも盛んに飲まれるようになった。ただし、コーヒーの味を楽しむというよりも、紅茶と同じようにコーヒーに含まれるカフェインによって活力を上げることで、頑張って仕事に取り組めるという意味合いの方が大きかったのだ。

以上のように紅茶とコーヒーは、イギリスの産業革命を支えた飲料だったのだ。

◎ジン横丁

産業革命によって確立した資本主義社会では、労働者は低い賃金で長時間働かされた。また、製造機械が発明され使用されたことで、手工業の職人の多くは失業する羽目になった。こうしてイギリスの都市部では貧民が増え、不衛生な貧民街が生まれた。このように劣悪な環境に拍車をかけたのが、蒸留酒の「ジン」だった。

ジンとは「ジュニパーベリーの風味を主とする蒸留酒」のことで、材料にジュニパーベリーが使用されていれば、どんな蒸留酒でもジンと呼ぶ。

ジュニパーベリーは、ジュニパー〈和名：セイヨウネズ〈西洋杜松〉〉と呼ばれる針葉樹にできる果実で、形がベリーに似ているからこう呼ばれる。ジュニパーベリーは古代社会でもよく使用されていたようで、古代エジプトのいくつかの墓からジュニパーベリーが発見されているし、古代ギリシアではジュニパーベリーが選手の体力を増強すると信じられて、オリンピック競技でよく使用されていたと伝えられている。また、古代ローマでは、高価なコショウの代わりに安価なジュニパーベリーを料理に使用することもあったという。

中世ヨーロッパでは、ジュニパーベリーは咳《せき》や頭痛、胃痛、痙攣《けいれん》などをおさめる薬として利用されていた。また、ハーブや香辛料を漬け込んだワインを薬として飲むことは古代から行われてきたことだが、ジュニパーベリーもワインに入れられて飲まれていたようだ。

さらにジュニパーベリーには空気を清浄化する効果もあると考えられ、14世紀にペストが流行した時には、医師は大きなくちばしの形をしたペストマスクにジュニパーベリーなどのハーブや香辛料を入れて患者の治療にあたった。

14世紀になって蒸留器がイスラムからヨーロッパに伝えられると、南イタリアの修道院でジュニパーベリー入りのワインから蒸留酒が造られるようになる。これがジンの始まりと考えられている。

その当時、蒸留酒は生命力を高める薬とみなされて「生命の水」と呼ばれていた。ここにジュニパーベリーなどの薬効のある成分を加えれば、より強力な薬が誕生すると考えたのだろう。

1688年に起こったイギリス名誉革命後に、ブランデーやワイン、ビールに高い税金がかけられたのに対して、ジンには無許可の製造・販売が認められた。その結果、ジンはどこでも手に入るもっとも安い酒となった。こうしてイギリスでは、18世紀の中頃にかけて何千ものジン・ショップができたといわれている。

もともとイギリスでは清潔な飲料水が不足していたため、ビールが水代わりに飲まれていた。ここに、さらに安いジンが登場してきたため、特に労働者が住んでいる不衛生な地域ではジンが盛んに飲まれるようになった。こうして下層階級を中心にジンの飲酒量が大幅に増加したのである。

ちょうど産業革命によって都市に労働者が増えてきた頃であり、きつい仕事の憂さ晴らしにジンを飲むことも多くなった。また、仕事に出かける際に邪魔になる子供や赤ん坊を寝かしつけるために、ジンを飲ませることもよく行われていたようだ（当時は飲酒の年齢制限はなかった）。

具合が悪いことに、蒸留酒はアルコール度数が高いので中毒（依存症）になりやすい。果たせるかな、イギリスでは下層階級を中心に多くの老若男女がジン中毒に陥り、酒による病気や犯罪が多発するようになる。

このような悲惨な状況を物語る資料として、1751年にウィリアム・ホガースが発表した版画『ビール通りとジン横丁（Beer Street and Gin Lane）』が有名だ。

「ビール通り」では、ビールを飲んで幸せそうな人々を描いている。一方「ジン横丁」では、ジンに酔った母親が赤ん坊を階段の脇に落としたり、酩酊《めいてい》した男が蛇腹で自分の頭を殴ったり、梅毒の腫れがたくさんある男がいたりなど醜悪な場面ばかりだ（図19）。このようにジンは悲惨な生活と関連していたことから、英語でジンのことを「母親の破滅（mother's ruin）」と呼ぶ場合があるそうだ。

政府は問題を解決するために1736年には小売業者に高い税金を課す法律を施行したが、住民の暴動につながり、多くの醸造所が襲撃される事態となった。その後もいざこざが続いたが、1751年になってようやく蒸留業者は許可を受けた小売業者のみにジンを販売するように定められ、事態は沈静化に向かうことになる。

図19　ウィリアム・ホガースの『ビール通りとジン横丁』のジン横丁部分

18世紀後半になると、品質の悪いジンを造る醸造所は淘汰《とうた》され、高品質のジンを造る新しい醸造会社が設立された。その中には、ビーフィーター（Beefeater）やタンカレー（Tanqueray）など、現在でもブランド名の残る会社が多い。

◎ジャガイモ飢饉

19世紀のアイルランドは事実上イギリスの植民地であった。アイルランド人のほとんどはカトリック教徒だったが、アイルランドが植民地化される時に彼らの土地は没収され、イギリス在住あるいはイギリス出身の地主が所有するようになった。そして、カトリック教徒は、地主に地代を支払うことを強《し》いられる小作人として働かされるようになったのだ。また、アイルランドのカトリック教徒は、１８２９年まで土地の所有や投票、公職への就任が禁止されていた。

イギリスでは産業革命によって工業化が進んでいたが、アイルランドでは工業化はほとんど行われず、イギリスにとっての食料生産地とみなされていた。すなわち、アイルランドではコムギなどの栽培と牛などの飼育が盛んだったが、穀物の4分の1と家畜の大半はイギリスへ輸出されていたのだ。

一方、貧しい小作人たちは主にエンバクを食べていたが、次第にジャガイモを主食とするようになった。ジャガイモは16世紀末にアイルランドに持ち込まれたが、アイルランドの気候や土壌に合っていたことと、ジャガイモ栽培には地代がかからなかったことから、盛んに栽培されるようになったのだ。こうして19世紀までには、貧しい小作人たちは、必要とされるカロリーの80パーセント以上をジャガイモから摂るようになったと推測されている。

アイルランドのジャガイモは「ランパー」と呼ばれる1品種しか栽培されていなかった。ランパーは少ない肥料でよく育つからだ。しかし、このようなモノカルチャーでは、ひとたび病気が発生すると壊滅的な被害に至ることが多い（ジャガイモの原産地のアンデス地方では、1つの畑にいくつもの品種を混ぜて栽培する習慣がある）。果たせるかな、アメリカ大陸で感染が広がっていたジャガイモ疫病が1845年にヨーロッパにも上陸したのだ。

この疫病の原因はフィトフトラ・インフェスタンスという真菌（酵母やカビなどの仲間）で、ジャガイモが感染すると、まず葉に斑点ができ、やがて黒くなる。次に、これが茎やイモ（地下茎）に広がってグニャグニャに柔らかくなり、さらに悪臭を発するようになるのだ。この真菌がランパーにとりついたのである。

ジャガイモ疫病の広がりによって、1845年のアイルランドにおけるジャガイモの収穫量は約半分に落ち込んだ。さらに翌年には、約9割のジャガイモが疫病にやられてしまう。1847年は少し持ち直したが、1848年には再び深刻な被害を受けることとなった。

このような深刻な状況でも、アイルランドからイギリスへの穀物や家畜の輸出は止まなかった。また、イギリス政府は救済策を講じず、民間の慈善団体だけが頼りだったが、商人たちは食料を買い占め、それを慈善団体に高く売りつけたという。また、オスマン帝国（現在のトルコ）のスルタンが多額の支援を申し出たが、イギリス女王のメンツがつぶれるという理由から、その申し出は拒絶された（それでも食料の輸送は強行したらしい）。

その結果、アイルランドでは大規模な飢饉が起こる。さらに、食料不足によって体力が低下した人々の間でチフスやコレラ、赤痢などの伝染病が流行した。こうして約150万人が死亡し、約100万人が国外に脱出したといわれているが、これはイギリスが発表した数字であり、実際はもっと多かったと考えられている。

海外へ脱出した人たちの行先の一つにアメリカ合衆国があった。しかし、アイルランド人はイギリス（イングランド）人とは異なり、カトリック教徒であったことや、イギリスに支配されていたことから、初期の移民はアメリカで様々な差別を受けた。そのため、危険な職業である警察官や消防士、軍人などになるしかなかったようだ。

その後、アイルランド出身の人々は南北戦争で勇敢に戦ったり、警察官や消防士の仕事を真面目にこなしたりしたため、次第にアメリカ社会に受け入れられるようになる。

また、アイルランド系アメリカ人の数が多いため選挙で有利だったことから、政治の世界に進出する人も出た。例えば、ジョン・F・ケネディのケネディ家はアイルランド系の政治家の一族として有名だ。また、現在のアメリカ合衆国大統領ジョー・バイデンもアイルランド系アメリカ人だ。

このように、アメリカの歴史にはジャガイモの不作が大きく関わっているのである。

◎びん詰めの発明

産業革命前の欧米では、食料品の輸送に麻袋や木箱、樽《たる》、びんなどが使用されていたが、小売店では19世紀末になっても、砂糖や小麦粉、コーヒー、茶、ドライフルーツなどは客の目の前で計量され、紙に包んだり、袋に入れたりして売られていた。

しかし、世紀が変わる頃になると、びん詰めや缶詰になった食品が売られるようになる。その背景にはどのような出来事があったのだろうか？

ガラス製の容器は古代エジプトの遺跡からも見つかっており、かなり古くから使用されてきたものだ。そして、その技術が導入された古代ローマでは、一般庶民もガラス製のびんや食器などを使用していたことが分かっている。

西暦467年の西ローマ帝国の滅亡によって、西ヨーロッパのガラス製造技術は大きく衰退するが、東ローマ帝国（ビザンツ帝国）やイスラム社会ではローマ帝国の技術が受け継がれ発展した。

その後、西ヨーロッパでは8世紀に入ってガラス作りが再開された。特に海洋都市国家のヴェネツィアはビザンツ帝国などとの貿易を行っていたことから、ガラスの製造法が導入され、ガラス製造の中心となっていた。さらに1453年にビザンツ帝国が滅亡すると、ガラス職人がヴェネツィアに移住したため、製造技術が格段に進歩する。なお、その頃のガラスびんにフタをするには、ロウを染み込ませた皮や紙、そしてコルクが使用されていたという。

その後、西ヨーロッパの中心が地中海から北に移動し、フランスやイギリス、ドイツなどの国力が高まると、それらの国々でガラス製品の製造が盛んになった。そして、そこで技術革新が起こる。

ガラスは珪砂《けいしゃ》（石英を砕いたもの）、ソーダ灰（炭酸ナトリウム）、石灰（炭酸カルシウム）から作られるが、1670年代以降に、イギリスやフランス、ドイツなどで、酸化鉛を主成分となるように加えると無色透明なクリスタルガラスができることを発見したのだ。

さらに19世紀に入って工業化が進むと、ソーダ灰の大量生産が可能になり、さらにガラスの溶解炉も発達することによって大量のガラス製品の生産が可能となった。

さて、ここからは近代のびん詰め食品の話題だ。それは、フランスの菓子職人ニコラ・アペール（1750〜1841年）の実験から始まった。

1795年にナポレオン・ボナパルト率いるフランス政府は、兵士に安全な食料を供給するための新しい食品保存法を募集した。これを知ったアペールは14年にわたる実験の末、ガラスびんを用いた食品保存法を開発した。それは、肉や野菜などの料理をガラスびんに入れたのち、できるだけ空気を抜いてコルク栓でフタをし、沸騰した湯に浸《つ》けるものだった。煮沸によって腐敗の原因となる細菌は死滅し、さらにガラスは細菌を通さないため長期保存ができるのである。

1810年にアペールは、この方法によってフランス政府から1万2000フランの賞金を授与された。そして『各種食肉・野菜を数年間保存する方法』と題する論文を発表した。この英語版はすぐにロンドンで出版され、アペールの新しい食品保存法は瞬《また》く間にヨーロッパ中に広まった。

アペールのびん詰めの技術は画期的だったが、ガラスびんには口径が大きくなるとコルクでフタをするのが難しくなるという欠点があった。また、コルク栓を密封するのにロウを使っていたため、開けにくいという欠点もあった。

これらの問題を解決したのがアメリカの職人だ。1858年に、現在でもよく使用されているネジ式の金属フタとびんが、アメリカの錫《すず》細工職人ジョン・ランディス・メイソンによって開発されたのだ。フタの内側にはゴムが貼ってあり、密封が可能となった。

このような新しい食品保存技術を用いて急成長する会社が、アメリカを中心に次々と現れるようになる。その代表がハインツ（Heinz）だ。

ハインツは、ドイツ系移民の子のヘンリー・J・ハインツ（1844〜1919年）が1869年に創業した会社だ。初期の食品小売業はうまくいかなかったが、びん詰め食品や缶詰食品を販売するようになって一大企業に成長する。最初の代表的な製品がトマトケチャップのびん詰めで、発売当初からトマトケチャップの世界シェア第1位を今でも守り続けている。

さらに1892年には、アメリカのウィリアム・ペインターがコルクをはめ込んだ金属製のフタの「王冠」を発明した。この発明によって、ビールや炭酸飲料水など内圧がかかるものでも安価かつ完全に密封できるようになったのである。

さらに１８９８年には王冠を自動で付ける機械が開発され、ビールや炭酸飲料水の大量生産時代が始まるのだ。

◎缶詰の発明

缶詰は、びん詰めに使用される重くて割れやすいガラス容器を金属製に変えるというアイデアから生み出された。１８１０年にフランス人のフィリップ・ド・ジラールがロンドンで、このアイデアの特許を取得したのである。

この特許は、イギリスのブライアン・ドンキンとジョン・ホールに売却された。彼らは研究を進め、腐食されにくくて毒性のない錫でメッキした鉄製の密封缶で食品を包装する方法を開発した。

その頃の缶は手作りで、つなぎ目ははんだで接合されていた。この缶に食品を詰め、底と同じ円形のブリキ板をその上に置いてはんだ付けして、これを沸騰水の中に入れて内容物を十分加熱し、膨張したフタに小孔をあけて脱気し、最後に缶がまだ熱いうちにこの小孔をはんだで塞いで缶詰とした。この作業には時間と労力がかかり、１つの缶詰を作るのに約６時間かかったといわれている。そのため缶詰はとても高価で、この時期の主な販売先は保存食を必要とする軍隊などに限られていた。

また、初期の缶詰は開けるのがとても大変だったようだ。現在のような缶切りはまだなく、缶詰の説明書には「ノミとハンマーで外周近くの上部を丸く切りなさい」と書かれていたという。軍隊などでは銃で撃って開けることもあったらしい。

アメリカには１８１９年に缶詰の製造法が伝えられたが、殺菌や密封が不十分ですぐに腐ってしまうものも多かったため、人々の信用度が低く、あまり売れなかった。それでも缶詰の製造技術は着実に進歩し、単位時間当たりの生産数は徐々に増えていった。そうして１８６０年代には、１個当たりの製造時間が当初の約６時間から30分に短縮されたという。

アメリカで最初に商業的に成功した缶詰は、１８５７年に販売が開始されたゲイル・ボーデン（アイスクリームのボーデン社の創業者）のコンデンスミルク（濃縮牛乳）だ。牛乳は鮮度を保つのが難しく、ニューヨークのような都市部では高い金を出さないと手に入らなかった。ボーデンのコンデンスミルクはこのような需要をうまく捉えたのである。

コンデンスミルクの売り上げをさらに押し上げたのが、アメリカ南北戦争（１８６１〜１８６５年）だ。コンデンスミルクが兵士の食料の一つとして大量に調達されたのだ。また、他の缶詰食品も軍隊に納品され、兵士の空腹を満たした。こうして戦争という困難な状況下で人々は缶詰の有用性に気づき始める。

ちょうどこの頃にはイギリスで開発されたかたくて丈夫な鋼鉄の生産技術が広く普及し、缶の材料にも鋼鉄が使用され始めたため、缶は薄手になり、軽くなりつつあった。

また、１８５８年には、アメリカのエズラ・J・ワーナーがレバー式の缶切りを発明した。この缶切りは南北戦争中に軍隊で使用された。しかし、刃が鋭く、ケガをする人が多かったという。そして１８６５年には、家庭用の缶切りが付属した牛肉の缶詰が販売され始めた。この缶切りはウシの頭がデザインされていたため「Bull's head opener」と呼ばれ、人気を博したという。

その後も缶詰の製造法の改良は続けられ、１８８５年頃には全工程の自動化に成功する。その結果、１つの機械の製缶能力が１日当たり６０００缶に達するようになった。

さらに１８９７年には、現在行われているような二重巻締めによってフタと胴体を接合する方法が開発された。接合部には１８８８年に開発された液状ゴムが使用された。その結果、はんだで使用されていた鉛などの混入がなくなり、缶詰の安全性が高まった。そのため、この新しい缶詰は「サニタリー（衛生的）缶」と呼ばれて広く普及するようになる。

現在の缶詰は、120℃の温度と2気圧の圧力を同時にかけることで殺菌される。自然界には熱に強い微生物が存在するが、この条件でほぼすべての微生物が死滅するのだ。この高温・高圧の殺菌法を開発したのがアメリカMIT(マサチューセッツ工科大学)のプレスコットとアンダーウッドの研究チームで、1896年のことだ。それ以降、この方法は缶詰製造のスタンダードとなっている。

びん詰め・缶詰は食品の長期保存を可能にした画期的な技術であり、これらの登場によって人々は栄養価の高い食品を季節や気候に左右されることなく安定して手に入れることが可能になった。中に入れられる食品も、果物・野菜・肉・魚・スープ・ジャムなど多岐にわたり、いつでもどこでも美味しい食べ物を楽しめるようになったのである。

びん詰め・缶詰が食品産業に与えた影響も計り知れず、近代から現代にかけて食品産業が拡大する上で必須の技術だったと言えるのだ。

◎冷蔵庫の登場

現代では食品を保存する時に冷蔵庫や冷凍庫を使うことが多い。このような冷凍冷蔵技術が大きく進歩したのも近代のことだ。

食品を冷やすと長期間にわたって保存できることは、古くから知られていた。例えば中国では、紀元前1000年頃から天然の氷を使った貯蔵庫が使用されていたし、日本を含む世界の各地で、氷や雪を使って食品などを低温で貯蔵する氷室《ひむろ》が利用されてきた。

このような状況が長らく続いていたが、18世紀頃から物理学の分野で気体の性質に関する法則が明らかになってきた。この法則では、気体は圧力が高くなると熱くなり、逆に圧力が下がると冷たくなるという。そして19世紀になると、この法則に基づいた冷却技術が開発されるようになったのである。

まず1805年に、アメリカ合衆国の発明家オリバー・エバンスは、液体が気化して膨張する時に熱を奪う原理を利用した冷凍機を設計した。1834年には、アメリカ合衆国の物理学者ジェイコブ・パーキンスはエバンスの冷凍機にヒントを得て、エーテルという有機物質を用いた製氷機を発明した。

そして1856年に、オーストラリアの発明家ジェームズ・ハリソンが世界で初めてエーテルを利用した機械式冷蔵庫の実用化に成功し、販売を開始するのである。このハリソンの冷蔵庫はビールの冷却用として、現地で人気を博したという。

さらに1859年には、フランスのフェルディナン・カレによって、アンモニアを用いた冷蔵庫が発明された。カレの冷蔵庫はとても能力が高かったため広く普及した（アンモニアはフロンガスのようにオゾン層を破壊しないため、現代でも重要な冷媒となっている）。

1876年には、フランス人のシャルル・テリエが、エーテルを使用した冷凍機を汽船フリゴリフィック号に取り付け、アルゼンチンで処理した肉を0℃に保ち、105日間かけてフランスへ輸送した。さらにその翌年には、アンモニアを用いた冷凍機を使用して、マイナス30℃に冷凍した羊肉をアルゼンチンからイギリスに輸送することに成功した。

このテリエの成功によって冷凍輸送の将来性が広く認められるようになり、冷凍機付きの汽船が数多く建造されるようになる。

一方、19世紀の後半には鉄道の冷蔵車両も登場した。ただし当時の冷凍機は大きく、貨車に取り付けることが難しかったため、冷凍機で作った氷を車両の天井部分に置くことで、車両全体を冷やす構造になっていた。

最初の冷蔵車両を運用したのは肉屋のグスタバス・スウィフトで、彼は1877年にシカゴからアメリカ東海岸への最初の生肉輸送を成功させた。この成功を受けて、1885年にスウィフトは弟とスウィフト商会を設立し、本格的な牛肉の冷蔵輸送を開始した。

なお、当初は冷蔵保存した生の牛肉を食べると病気になるなどという噂《うわさ》が広まり、売り上げが思わしくなかったが、大規模な広告によって安全性を訴えるとともに、大量生産によって牛肉の価格を下げることによって、次第に社会に広く受け入れられるようになったのだ。アメリカ人といえば牛肉をよく食べるという印象があるが、その基礎をつくったのが牛肉の冷蔵輸送だったのである。

以上のような冷蔵・冷凍技術の発達によって、生鮮食品を鮮度や栄養価を保持しながら長期にわたって保存することが容易になった。その結果、一度に食べられる食品の種類が増えるとともに、栄養に富んだ健康的な食事ができるようになったのである。これは、季節ごとに決まった食品を食べ、保存食といえば塩漬けの食品や乾燥食品だったそれまでの食文化を一変させる、大きな変革だったのである。

◎アメリカ最初の農業革命

アメリカ合衆国は現在、世界最大の農産物輸出国だ。農産物の輸出はアメリカの経済において重要な役割を果たしてきたし、世界の食を支えるという点でも重要な役割を担ってきた。このようにアメリカ合衆国が農業大国になったのは近代になってのことだ。

産業革命によって工業化が進展する以前は、人口の大部分が農業を営んでいた。その頃までの農業は生産性が低かったため、社会全体が必要とする食料を生産するために多くの人手が必要だったからだ。

アメリカ合衆国では19世紀に入って西部の開拓が進んだ。入植者のほとんどは農業や畜産業を営んでいたが、西部で農業が始まった頃の生産性は極めて低いものだった。しかし、徐々に生産性が高まり、やがて合衆国全体だけでなく、世界を支える食料生産地として大きく発展していくのである。

初期の西部開拓者は農業に未熟で、土地をしっかりと耕さずに作物を育てていたため、生産性が低かった。また、農地に肥料を施さずに同じ作物を作り続けたため、数年で地力が落ちて収穫できなくなった。さらに牧草の管理が下手《へた》だったため、家畜の餌を継続して確保することもできなかった。

こうして最初の農場で生活できなくなると、開拓者は土地を売り払い、さらに西に移動して新たな農場で生活を始めた。このように初期の開拓者は一つの場所にとどまらずに、常に西へ西へと移動を続けていたという。

しかし、次第に農業に慣れてくると、プラウ（犂《すき》）を使って農地を耕し、肥料を施すことで持続可能な農業を実践するようになった。

初期のプラウは棒の先を尖《とが》らせただけの簡単なものだったが、次第にソリのように地面の上を動かすものが使用されるようになった。しかし、当時のプラウは木製で、土壌の表面を少しだけしか掘ることができなかった。

プラウの改良に大きな貢献をしたのが、第3代大統領のトーマス・ジェファーソン（在職：1801〜1809年）だ。彼は、先端に鉄製の刃をつけるとともに、土の抵抗の少ない形状をした新しいプラウを開発したのだ。このプラウを使うと、15センチほどの深さまで耕すことができた。すると、作物は深く根を張ることができるようになり生産性が向上した。こうしてジェファーソンのプラウは1830年代には標準的な農機具となった。

ジェファーソンが開発したプラウでは、炭素量の多い鋳鉄《ちゅうてつ》製の刃が使われていた。ところが、鋳鉄製の製品は作りやすいが、強度に劣るという欠点があった。西部の土壌は粘り気があったため、当時の鋳鉄製の刃ではすぐに泥がたまって使えなくなるし、また短期間で折れてしまったという。

この問題を解決したのが鍛冶屋のジョン・ディア（1804〜1886年）だ。彼は炭素量の少ない鋼鉄製の刃を使用することで、非常に高性能のプラウを開発したのである。ディアは東海岸で鍛冶屋をしていたが、生活に行き詰まったため、1836年に西部のイリノイ州に移住した。彼はそこで鋳鉄製の刃の欠陥を知ると、泥がたまらないように非常になめらかで絶妙な角度を持った鋼鉄製の刃を開発したのだ。

この刃を付けたプラウは一度動かし始めると止まらずに土壌をどこまでも耕し続けたため、ウマやラバなどに引かせることで人の労力は著しく軽減されることとなった。こうして1837年に開発されたディアのプラウは大好評を得て、1855年までに1万台が販売されたという。

ジョン・ディアのプラウのように、人力の代わりに動物の力で動かすプラウの出現は農業の生産性を大きく向上させたため、「アメリカ最初の農業革命」と呼ばれることが多い。

アメリカの農業史では、さらに2つの重要な開発が進んだ。

一つ目は、機械を用いた深い井戸の普及だ。機械を用いて深い井戸を掘ると、グレートプレーンズのように乾燥した地域でも安定して農業を行うことができるようになったのだ。

もう一つが「カントリーエレベーター（穀物エレベーター）」の開発だ。カントリーエレベーターとは、搬入した穀物を乾燥させ、計量・選別などの調製を行ったのち貯蔵し、搬出するための大型の複合施設のことだ。

最初のカントリーエレベーターは、1842年に五大湖の一つ、エリー湖の東岸のバッファローに造られた。ここに西部などから穀物が集められ、東海岸やカナダなどの各地に届けられた。カントリーエレベーターによって穀物流通の効率化が大きく進んだことが革命的だったのだ。

さらに1847年には、エリー湖の西岸のトリードとニューヨークのブルックリンにカントリーエレベーターが造られた。この2カ所は連携して穀物の海外輸出を担った。トリードに集められた西部の穀物がブルックリンに輸送され、さらにイギリス、オランダ、ドイツなどに輸出されたのである。

このアメリカからヨーロッパへの穀物の流れに呼応するように、人々がヨーロッパからアメリカに流入するようになった。つまり、アメリカに行けばたくさんの穀物を生産することで大儲けができると多くの人々が考えたのである。

このヨーロッパからの移住にアメリカの鉄道会社が大きな役割を果たした。鉄道会社はヨーロッパから家族を招き寄せるために、良質な土壌を有する土地と家具付きの家屋とを低価格で提供したのだ。西部を横断する鉄道を運営していた鉄道会社は、鉄道の利用客や運搬する荷物を増やす必要があったからだ。

こうしてカントリーエレベーターの開発によって輸出が増え、それによって農業従事者が増え、農業生産量が増え、さらに輸出が増えるという好循環によって、1860年から1910年にかけてアメリカは世界的な穀物生産国に成長していったのである。

農場の数は、1860年の200万戸から1906年の600万戸へと3倍になった。また、農場に住む人の数は、1860年に約1000万人だったものが1880年に2200万人になり、1905年には3100万人へと増加した。また、同じ量のコムギを生産する場合、1890年には1830年に比べて6分の1の労働量ですむようになった。

このように19世紀はアメリカ農業の躍進の世紀だったのである。

◎近代の肥料革命

近代には自然科学の進歩によって様々なことが明らかになってきた。植物学の分野では、ドイツの天才化学者のユストゥス・フォン・リービッヒ（1803～1873年）が、1841年に窒素、リン、カリウムが植物にとって必須の栄養素であることを明らかにした。この発見をきっかけに、これらの成分を含む鉱石などが肥料の原料として用いられるようになる。

当初、欧米で盛んに使用された肥料が「グアノ」だった。グアノとは、ペルー沿岸のチンチャ諸島の島々に海鳥のフンや死骸、餌の魚、卵の殻などが堆積して化石化したもので、窒素やリンなどを大量に含んでいる。雨が少ない地域のため、窒素やリンを含むフンなどが洗い流されずに積もり続けることでグアノができるのだ。インカ帝国などアンデス文明の段々畑には肥料としてグアノが施されることで、トウモロコシなどの作物が豊かに実ったといわれている。

グアノはとても貴重だったため、インカ帝国で海鳥は厳重に保護されていたという。例えば繁殖期には鳥がおびえて逃げ出さないように島への人の出入りを禁じており、もしこれを破ってしまうと死刑になった。また、一年を通して海鳥を殺した者も死刑になった。

グアノはしばらくの間欧米では見向きもされなかったが、19世紀にアメリカ合衆国で試しにグアノを使ってみたところ、他の肥料に比べて効果がずっと高いことが分かった。こうしてグアノは最高品質の肥料として欧米諸国で引っ張りだこになる。しかし、グアノの量は限られており、19世紀だけでほぼ取り尽くされてしまう。

グアノの次に肥料の原料となったのが「チリ硝石《しょうせき》」だ。チリ硝石は、ペルー、ボリビア、チリの3国にまたがるアタカマ砂漠で採掘された鉱石で、窒素を大量に含んでいる。第一次世界大戦頃まで莫大な量のチリ硝石が採掘され、その結果、チリは南米でも有数の豊かな国となったという。

一方で、空気中の窒素から窒素化合物を合成しようという試みが各国で盛んに行われていた。1895年には、ドイツの化学者フランクとカローは、高温にした炭化カルシウムと窒素を反応させることによって、石灰窒素（$CaCN_2$）と呼ばれる窒素化合物の合成に成功した。この方法はフランク＝カロー法と呼ばれ、1905年には工業化が開始され、1918年には年間33万トンの窒素を固定するようになった。しかし、フランク＝カロー法は高温化のために大量のエネルギーを消費するという欠点があった。

一方、アメリカの電気化学者のブラッドリーとラブジョイは、放電を利用した窒素固定法を開発し、この方法による窒素酸化物（硝酸）の工業的な製造が1902年に開始された。また、ノルウェーのクリスチャン・ビルケランドも、1905年に放電によって空気中の窒素を窒素酸化物として固定するビルケランド＝エイデ法を開発した。放電を利用する方法では大量の電力を必要とするが、ノルウェーでは水力発電によってこの電力をまかなうことができた。1911年には、水力発電と窒素固定を組み合わせて肥料を生産するノルスク・ハイドロ社が設立され、1913年までに年間1万2000トンの窒素から肥料を生産するようになった。

しかし、これらの方法はすべて、より安価な「ハーバー＝ボッシュ法」に取って代わられる。ハーバー＝ボッシュ法を簡単に言うと、「触媒を利用することによって、高温・高圧化で窒素と水素からアンモニアを化学合成する方法」だ。ドイツのフリッツ・ハーバーとカール・ボッシュによって開発されたことから、この名前で呼ばれている。

それ以前に、フランスの化学者アンリ・ルシャトリエの研究によって、窒素と水素からアンモニアを化学合成するためには高圧が必要とされることが明らかになっていた。また、反応を高速で進めるためには、触媒の利用も不可欠と考えられた。

フリッツ・ハーバーは1903年頃から研究を開始し、1909年7月にオスミウム触媒を使って550℃、175気圧の条件でアンモニアを合成できることを見出《みいだ》した。ちなみに、この成功にはハーバーの研究室に在籍していた日本人の田丸節郎《せつろう》（のちの東京工業大学教授）の貢献が大きかったといわれている。

ハーバーがアンモニアの合成に成功したといっても、1時間に80グラムほどのアンモニアを作るだけの、まだ研究室レベルの生産量だった。工場で大量のアンモニアを生産するためには、さらなる技術開発が必要だったのである。そこで活躍したのが、ドイツの化学会社BASF社のカール・ボッシュとアルヴィン・ミタッシュだ。

当時の工場では、550℃、175気圧という過酷な条件下で稼働できる装置は存在しなかった。このような新しい装置の開発を担当したのが、化学者・技術者のカール・ボッシュだ。装置の素材や構造について様々な試行錯誤を繰り返すことで、アンモニアの合成に耐えられる装置を開発したのである。

一方、技術者のアルヴィン・ミタッシュは触媒を担当した。ハーバーが当初使用していたオスミウム触媒は高価で扱いが難しかった。そこでミタッシュは、3年をかけて2万回以上の試験を行うことによって、酸化鉄を主体とし、酸化アルミニウムと酸化カリウムを含む最適な触媒を開発することに成功したのである。こうして1913年には、BASF社の工場で1日当たり30トンのアンモニアを合成することに成功する。

肥料を作るために開発された窒素固定法だったが、窒素化合物は爆薬の原料にもなる。BASF社の工場が建設された翌年には、第一次世界大戦（1914〜1918年）が始まった。その結果、BASF社の工場は爆薬の原料の生産に利用されるようになるのである。ド

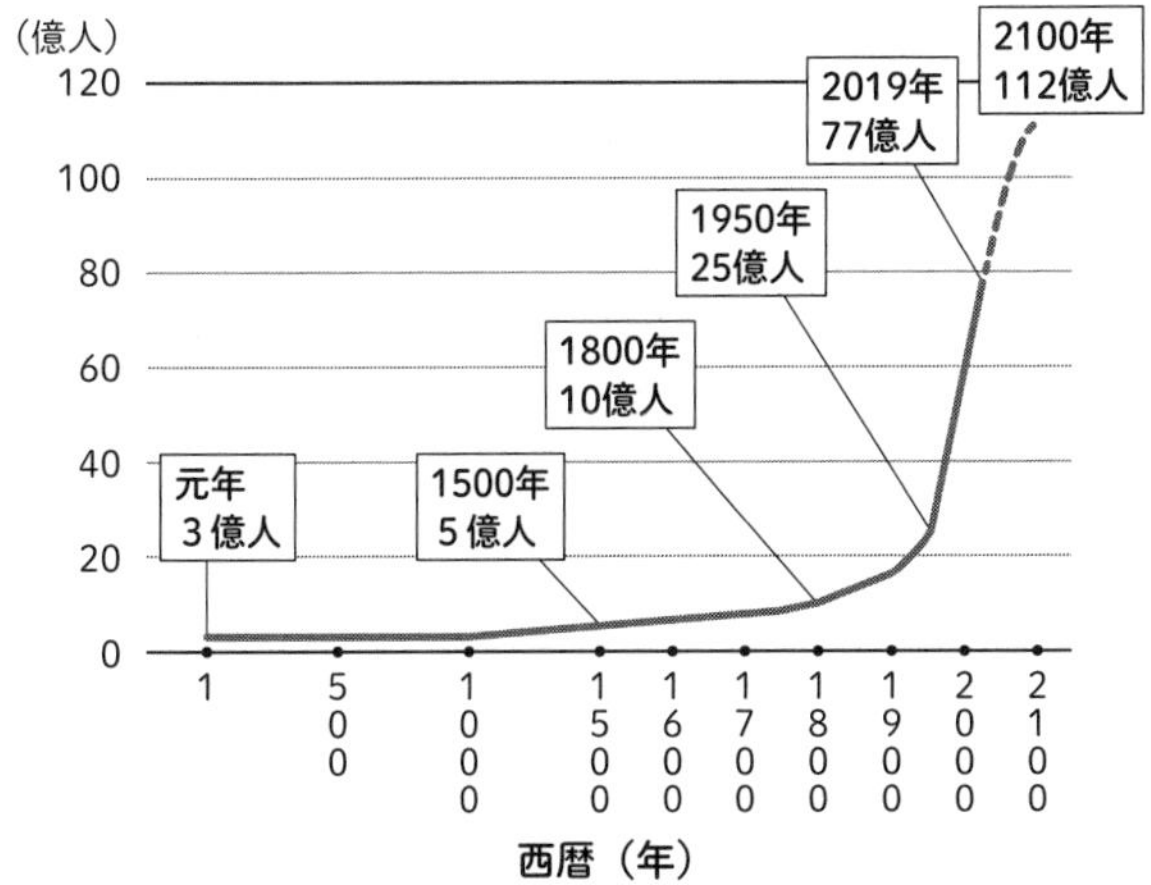

図20　世界人口の推移
（国連の発表データをもとに作成）

イツは最終的に敗北するが、ＢＡＳＦ社の工場がなければ、もっと早く終戦になったといわれている。

終戦後、ドイツはハーバー＝ボッシュ法を秘密にしようとした。しかし、終戦交渉でドイツ交渉団の一員であったボッシュが、工場の建設に必要な情報を戦勝国に提供してしまったのである。こうして１９２０年代以降、フランスやイギリス、アメリカをはじめとする世界各国で次々とアンモニアの生産が行われるようになった。

こうして生産されたアンモニアからは大量の肥料が作られ、世界中の食料生産を支えることになった。20世紀以降に世界人口が急増しているが、その要因の一つがハーバー＝ボッシュ法といわれている（237ページ、図20）。また、現代でもハーバー＝ボッシュ法は窒素固定になくてはならない技術であり、もしハーバー＝ボッシュ法がなければ、20億人以上が餓死すると見積もられている。

なお、ハーバーは、アンモニア合成法の開発が評価されて、1918年にノーベル化学賞を受賞した。また、ボッシュも、高圧化学における業績が評価されて、1931年のノーベル化学賞を受賞した。

◎栄養学の誕生

近代は栄養学が誕生し、発展した時代でもある。

栄養学の祖はアントワーヌ・ラボアジェ（1743～1794年）とされる。天才的な化学者であったラボアジェは、それまで長い間定説となっていた「水が火によって燃焼し土となる」という説を否定し、燃焼とは物質が酸素と結合して酸化されることであることを明らかにした。そして1777年に、体の中では燃焼と同じことが起こっており、生物は呼吸によって酸素を消費して二酸化炭素と熱を産生することを明らかにしたのである。今ではこれが栄養学の始まりであるとされている。

19世紀になると、糖質（炭水化物）・タンパク質・脂質が三大栄養素であると考えられるようになり、ドイツの化学者ユストゥス・フォン・リービッヒは、体内では糖質・タンパク質・脂質が燃焼しているという説を発表した。そして1891年にドイツのルブネルが、この説が正しいことを証明した。

このような新しい学説や発見は一般社会にも広く知られるようになっていく。その結果、糖質やタンパク質、脂質が豊富に含まれる食品が「良い食べ物」と考えられるようになった。例えば小麦粉は炭水化物に加えてグルテンなどの良質なタンパク質を含むため、とても良い食品だと考えられるようになったし、動物の肉もタンパク質と脂質を豊富に含むために健康的な食品とみなされたのである。

一方で、健康のためには糖質、タンパク質、脂質以外の成分も必要であることが分かってきた。特定の栄養素の欠乏によって、様々な病気が起こることが分かってきたからだ。

その一つが壊血病だ。大航海時代以降は、大陸から大陸へと移動する長期間の航海が頻繁に行われるようになる。この長い航海で多くの船乗りを苦しめたのが壊血病だ。航海を始めて10～12週間が経過すると、壊血病を発症する。最初は脱力感、疲労感、手足の痛みなどが起こってくる。次に、ひどい歯周病になり、歯が抜け始める。皮膚から出血することもある。そして最終的には死に至るのだ。

壊血病は、ビタミンCの欠乏によって起こる病気だ。航海の間、船乗りたちの食料はビスケットや乾燥タラ、干し肉などの乾いた食品と海で獲れた魚しかなく、ビタミンCを多く含む新鮮な果物や野菜をほとんど食べられなかったのだ。

壊血病が柑橘《かんきつ》類の摂取によって予防できることを発見したのは、スコットランドの医師ジェームズ・リンドだ。１７４６年にリンドは、壊血病の患者にレモンとオレンジを食べさせると、１週間以内に回復することを発見した。

こうして果物や野菜には壊血病になるのを防ぐ栄養素が入っていると考えられるようになった。研究が続けられた結果、１９２８年になって、ハンガリーのセント＝ジョルジ・アルベルトがパプリカからビタミンCを単離することに成功するのである。

一方、脚気の研究からビタミンB_1（チアミン）が単離された。

脚気は、ビタミンB_1の欠乏によって起こる病気だ。脚気《かっけ》では神経系に異常が起こって、手足のしびれや錯乱、脚の運動障害、疼痛《とうつう》などが生じる。

脚気は白米中心の食生活を送っているとなりやすい。精米される時に除去される米ぬかには多くのビタミンB_1が含まれているからだ。オランダのエイクマンは、1905年に米ぬかの抽出物に脚気を防ぐ効果があることを発見した。そして、1910年に日本の鈴木梅太郎が、米ぬかの抽出物からビタミンB_1の単離に成功した。また、翌1911年にはポーランドのフンクも米ぬかからビタミンB_1を単離した。

このように20世紀半ばまでに、主要なビタミンはすべて単離され、それぞれの役割が明らかになった。そして、健康に生きるために、食品に含まれるビタミンが意識されるようになったのである。

◎シリアルの始まり

アメリカでは、19世紀の後半から食料の生産量が増えたことによって、食事はより豪華で高カロリーなものに変化した。例えば朝食では、白パンに豚肉を食べるのが普通になっていた。このような高カロリーの食事をして太ることは、生活が豊かになった証拠であり、喜ばしいことだった。

19世紀の終わりから20世紀初頭にかけて、アメリカでは太っていることを誇りとする上流階級の結社「ファット・マンズ・クラブ」が人気を博していたという。会員になるには、少なくとも200ポンド（約90キログラム）の体重が必要で、「デブを徹底的に謳歌《おうか》する」というのが彼らのスローガンだった。

しかし、肥満が進むと病気が増えるのは昔も今も変わらない。また、産業革命によって工業化が進むと、工場から排出される排ガスや排水で生活環境の汚染が起こり始め、これも人々の健康をむしばみ始めた。

このような中で「シリアル」は健康的な生活を送るために開発されたのである。

最初のシリアルは、1863年に医師のジェイムズ・ケイレブ・ジャクソンによって開発された。彼は健康を害した人のための診療所を設立し、新鮮な空気、大量の水、良質な栄養の3つを軸とした治療を行った。この良質な栄養のための食事として開発されたのが、グラニュラ（グラノーラとは異なる）と名付けられたシリアルだったのだ。

グラニュラは、グラハム粉（全粒粉よりも粗びきのコムギの粉）を水でこねて固めたのち、一口大に砕いてから焼いたものだ。しかし、とても硬くて食べにくかったため、世の中に広まることはなかった。

ジャクソンのグラニュラ以外にも、コムギなどの穀物の粒を丸ごと炒《い》って粉砕したシリアルのようなものは市販されていた。しかし、それらは大きな樽に入れられていて、すくい取ってポンド売りするのが一般的だった。しかし、これは衛生面で問題があった。

ちょうど人々の衛生観念が高まってきた頃だ。産業革命によって世の中が豊かになると、風呂や洗濯の回数が増えるなど、人々は清潔さを重視するようになっていた。このような風潮をとらえて、１８７０年代にニューヨークのパン屋のジョージ・Ｈ・ホイットが箱詰めしたシリアルを売り出すと人気を博すようになり、やがて企業化して大々的に販売されるようになった。

さて、シリアルの代表といえばコーンフレークである。これは、トウモロコシの粉を水で練ってから加熱し、板状に加工した食品だ。

コーンフレークは１９００年前後にアメリカのケロッグ兄弟によって生み出された。医師で療養所の管理をしていた兄のジョンは、食によって患者の健康状態を改善しようと考えた。彼のポリシーは、肉抜き砂糖抜きの全粒粉を用いた健康的な食事だった。そして、弟のウィルと協力して患者が食べやすいようにフレーク状の食べ物を朝食用に開発したのだ。

最初はコムギを原料としていたが、１８９８年にはトウモロコシが原料として最適であることを見出した。こうしてコーンフレークが誕生したのである。コーンフレークはサクサクとした食感が新鮮だったためか、患者に大好評だった。

ところで、弟のウィルは療養所の経理を担当しており、経営を安定させる責任があった。そこで、コーンフレークを健康食品として患者以外にも売り出し、利益を上げていたようだ。

しかし、1906年に問題が起こる。兄が医学の視察のためにヨーロッパに出かけている間に、ウィルはコーンフレークの生地に砂糖を入れてみたのだ。出来上がった砂糖入りコーンフレークは、患者たちにきわめて好評だった。しかし、帰国したジョンは弟が禁断の砂糖を使ったことに激怒し、二人は仲たがいをしてしまう。

成功を確信していたウィルは療養所を離れて独立し、砂糖入りコーンフレークを「ケロッグ・トーステッド・コーンフレーク」として売り出す。大々的な宣伝も功を奏し、砂糖入りコーンフレークは爆発的な売り上げを記録した。産業革命によって多忙になっていた人々にとっては、牛乳をかけるとすぐに食べられるコーンフレークは朝食に最適だったのだ。

このケロッグの大成功に触発されて、後追いのシリアル会社が近隣に40以上設立されたといわれている。その一つがチャールズ・W・ポストが創業したポスタムシリアル社で、彼は1800年代の終わり頃にケロッグの療養所に患者として入院したことがあり、そこで食べたものを参考に（真似をして）製品を開発したといわれている。ケロッグ社とポスタムシリアル社はシリアル業界のシェアを二分したが、両社は熾烈《しれつ》な競争を繰り広げ、社員同士はお互いを憎むべき敵とみなすようになったという。

こうしてコーンフレーク会社の競争が激しくなるにつれて、各社は砂糖の含有量を増やし続けた。砂糖の量が多いほど美味しく感じられ、より売れたからだ。実際に、砂糖にはもっとも美味しく感じられる濃度である「至適濃度」があり、至適濃度までは砂糖の濃度が高ければ高いほど美味しく感じるのだ。また、大人に比べて子供では砂糖の至適濃度が高いことも分かっている。

このように、健康のために生み出されたコーンフレークは、砂糖が多く含まれるジャンクフードとみなされるようになっていくのである。

◎飽食とダイエットの時代へ

これまで見てきたように、近代は科学技術の進展によって食の世界が大きく変貌した時代だった。すなわち、近世までは食料は畑や牧場で作られたり、自然界から得られたりするものばかりだったが、近代になると一部の食料が工場で生産されるようになったのである。また、農作物の生産現場でも化学肥料の導入や機械化が進んだ。

続く現代でもこの傾向はさらに強まり、様々な食品が工場で大量生産されるようになる。また、農作物の生産現場においても、ハイテク技術が次々に導入されることになる。

一方、より美味しい食べ物を食べたいという人の根源的な欲求を満たすために、食欲をそそる様々な食品が開発されていく。その結果、食べ過ぎや偏食などによって、生活習慣病などの病気になる人も増えてくるのである。そして、このような状況を受けて、食に対する健康意識が高まり、消費者はより健康に良い食品を求めるようにもなる。

次章では、このような現代の食の世界と、これからやってくるであろう未来の食の世界を見ていこう。

第7章

現代の食と未来の食

——フードテックとともに

現代という時代区分は、西洋史でも日本史でも第二次世界大戦の終了以降を指す場合が多い。

現代の食の最大の特徴は、グローバル化と科学技術の徹底的な利用だ。

食のグローバル化では、例えばアメリカで生まれたハンバーガーがファストフードの代表的な食品として世界中に広まったことが挙げられる。また、日本で開発されたカップヌードルも、同じように世界の各地で食べられるようになった。

さらに、現在の食品売り場には外国から輸入された食材や食品が数多く並んでいるし、日本の食材や食品も海外にたくさん輸出されている。このように、世界中の食品が国境を越えて流通し、多様な食材が利用可能となっている。

また、科学技術は現代の食のあらゆる場面で利用されてきた。例えば人工甘味料などの開発や、電子レンジに代表される新しい調理器具の開発、そして新しい作物の開発に最先端の科学技術が使用されてきたのである。

現代の食では、健康志向も大きな特徴だ。現代では健康でありたいという意識が高まり、低カロリーや低脂肪の食品が好まれたり、健康に良い成分が入った食品が食べられたりするようになった。

また、最近では、社会の持続可能性（サステナビリティ）への関心が高まり、環境にやさしい食料生産方法や食品ロスの削減などが重視されるようになってきた。そして、食品に関連する様々な問題を解決するための「フードテック」と呼ばれる新しい産業分野が創出されている。

このように、現代社会においても食は非常に重要な要素であり、人々の生活や文化だけでなく、社会や経済、環境に大きな影響を及ぼし続けている。

この最終章では、このような現代の食の世界と、これからやってくるであろう未来の食の世界を見ていく。

最初は世界中のあちこちで食べられるようになったアメリカの国民食、ハンバーガーの歴史について見ていこう。

◎ハンバーグとハンバーガーの歴史

「ハンバーグの起源はタルタルステーキ」だと語られることがある。タルタルステーキとは、生の牛肉を細かく切り刻み、オリーブオイル、食塩、香辛料で味付けし、タマネギやニンニクなどのみじん切りや卵黄などを添えた料理だ。

「タルタル」とはタタール人（モンゴル人）に由来する言葉で、タタール人が硬い馬肉を鞍《くら》の下にはさんで軟らかくしてから切り刻んで食べていたという話から、これに似た生肉料理をタルタルステーキと呼ぶようになったといわれている。しかし、鞍の下に馬肉をはさむというのは作り話で、タタール人の野蛮さを誇張するために広められたとされている。

モンゴル軍は１２４０年から１２４１年にかけてポーランドとハンガリーに侵攻したが、この時にタルタルステーキの作り方が伝わったとされる。しかし、これまでに発見されたタルタルステーキの最古のレシピは18世紀のもので、タルタルステーキがいつから食べられるようになったのかについてはよく分かっていない。

ドイツではタルタルステーキを焼いたようなブーレッテン（主にドイツ北部）やフリカデレ（ドイツ南部）という料理が考案された。これは牛のひき肉を焼いたもので、ミートローフのようにパン粉やタマネギなどは入っていない。ブーレッテンとフリカデレはパンとともに食べられることが多く、ハンバーガーの起源とも考えられる。この料理は、18世紀のドイツで労働者の間でとても人気があったらしい。

19世紀前半になると、多くのヨーロッパ人が移民としてアメリカ大陸に渡ったが、彼らの多くは北ドイツのハンブルク港から乗船し、ニューヨークに向かったという。その時にブーレッテンのレシピがニューヨークに伝わったと考えられている。19世紀後半には、ブーレッテンはニューヨークのレストランで「ハンブルクステーキ」と名付けられて人気を博するようになった。これがいわゆる「ハンバーグステーキ」の元祖である。

ちなみに、19世紀半ば頃にアメリカでは改良型の肉挽き器が開発され、大量のひき肉を生産できるようになった。これが、アメリカでハンブルクステーキが流行する後押しをしたと考えられている。

20世紀初頭になると、ハンブルクステーキをパンにはさんだハンバーガーが登場して、アメリカで大流行するようになる。ハンバーガーは、牛のひき肉に塩・コショウをして焼いたものをパンにはさめば簡単にできるし、食べやすくて後片付けも楽なため、アメリカのバーベキューでよく作られるようになった。また、ファストフードでも定番の料理になったのである。

◎ファストフードの歴史

現代社会では、街を歩けば多くのファストフード店を目にすることができる。

ファストフードは英語の「fast food」で、短時間のうちに(fast)客に提供される食品(food)のことだ。そばや牛丼などの和食もファストフードに含まれるが、一般的にはハンバーガーやフライドチキン、ピザなどの洋食系のものがファストフードと呼ばれることが多い。

「fast food」という言葉が初めてウェブスター大辞典に登場したのは1951年のことだが、調理済みの食品が屋台で最初に売られたのは古代ローマだ。古代ローマでは、都市に住む住民の多くは集合住宅で生活していた。しかし、台所がついていなかったので、屋台などで食べ物を買うしかなかったのだ。

時代が進んだ中世ヨーロッパの大きな町には、パンやパイ、調理した肉などを売る露店があった。これらは旅行者のような調理ができない人々に利用されていた。

日本の江戸でもたくさんの軽食が屋台で売られていた。江戸には各大名の屋敷があり、そこに単身赴任でやってきた多くの武士がいた。また、仕事を求めて地方からやってきた男性も多かった。そのような男性に屋台の食事が重宝されたのだ。江戸の屋台で人気の食べ物といえば、そば、てんぷら、すしで、これらは「江戸の三味」と呼ばれていた。

また、19世紀のイギリスには労働者によく利用されたホットパイ・スタンドという売店があった。パイといっても甘い菓子ではなく、中に羊肉や牛肉などが入ったものだ。そして１８６０年代になると、ホットパイ・スタンドでイギリス名物の「フィッシュ・アンド・チップス」が売られるようになり、大人気を博するようになる。これは、タラなどの白身魚のフライに棒状のポテトフライを添えたもので、酢をかけて食べるのが一般的だ。通常サイズのフィッシュ・アンド・チップスは、大人の1日の必要カロリーの3分の1ほどをまかなうことができ、味も良かったため、一般庶民にも欠かせないものになっていく。

ちなみに、現在のイギリスには約８５００のフィッシュ・アンド・チップスを売る店があるそうで、マクドナルドの店舗数が約１３００であることを考えると、フィッシュ・アンド・チップスの人気のすごさがよく分かる。

さて、現代のファストフード店の代表格はハンバーガーショップだが、アメリカ合衆国初のハンバーガーチェーンは１９２１年にオープンした「ホワイトキャッスル（White Castle)」という店だ。この店は、１９１６年に創業したレストランをチェーン化したものだ。このレストランで小型の安価なハンバーガーを提供したところ、好評だったので、ハンバーガー専門店をチェーン化したのである。

なお、ホワイトキャッスルは、ハンバーガーがアメリカに根付く上でとても重要な役割を果たしたといわれている。ホワイトキャッスルでは良質の材料を使い、衛生面にも細心の注意を払ったことで、ハンバーガーが良い食品であるという考えがアメリカ人の間に浸透したとされているのだ。

1920年代から全米で自動車が普及するようになると、各地にドライブイン・レストランがオープンするようになった。1940年に誕生したマクドナルドも最初はドライブイン・レストランだった。ちなみに、ケンタッキー・フライドチキンもガソリンスタンドに併設されたカフェレストランが始まりだ。

マクドナルドはモーリス・マック・マクドナルドとリチャード・ディック・マクドナルドの兄弟が始めた店で、当初はハンバーガー以外の料理も提供していたが、1948年にはハンバーガーやフライドポテト、シェイクなどを専門に販売するハンバーガーショップに生まれ変わった。

この新しい店では、それぞれの調理担当者が特定の調理工程のみを担当し、流れ作業で調理を行う工場のようなシステムを採用した。また、セルフサービスの仕組みも導入した。こうすることで短時間のうちにたくさんのハンバーガーを提供することができるのだ。ハンバーガーの価格が低く抑えられていたこともあってマクドナルドは大繁盛する。

この成功を目の当たりにしたセールスマンのレイ・クロックは、マクドナルド兄弟と交渉し、１９５５年にフランチャイズ１号店を開店させて大成功を収める。これに気を良くしたレイ・クロックは、１９６１年にマクドナルド兄弟からマクドナルドの経営権を買い取り、チェーン化の道を推し進めた。こうして拡大路線を続けたマクドナルドは海外へも進出し、グローバル企業へと成長するのである。

◎ファストフードが流行る理由

現代はファストフードの全盛期だ。どうしてファストフードはこんなに流行《はや》るのだろうか。その理由を考えてみよう。

多くのファストフードに共通する特徴として脂肪分が多く含まれていることがある。ハンバーガー、フライドポテト、フライドチキン、ピザ、牛丼、ラーメンはどれも脂肪分が多い。実は、この脂肪分は脳の報酬系と呼ばれるところに作用して快感を生み出しているのだ。そしてこれがファストフードが流行る大きな理由になっている。

報酬系は動物にとって重要な行動、例えば性行為などに快感を与えることで、性行為を繰り返し行うように誘導している。性行為は子孫を残すという生物にとってとても大切な行動であるため、快感が生み出されるようになっているのだ。一方、脂肪分の場合は、動物にとって格好のエネルギー源であるため、報酬系が快感を生み出すのである。

ファストフードに加えて、いわゆる「嗜好品」と呼ばれるものは、多かれ少なかれ報酬系を活発化することで脳内に快感を生み出し、再び消費させるように仕向ける性質を持っている。別の見方をすると、報酬系をうまく活発化できる商品は「売れる」のだ。

この脂肪分には動物をやみつきにするというやっかいな性質がある。ネズミを使った依存症の実験で、その恐ろしさがよく分かる。

ネズミをコカイン依存状態にしても、コカインを断つことによって依存状態は3日程度で消失する。しかし、脂肪分を食べさせて依存状態にしたネズミでは、脂肪分を断ってから2週間経過しても依存状態はほとんど改善しないのだ。すなわち脂肪分は、永続的な依存状態をつくり出してしまうというやっかいな性質を持っているのである。

さらに、脂肪分に甘味や塩分が組み合わされると、報酬系への働きがより強力になることが分かっている。ケーキやチョコレート、そしてファストフードは、これによく当てはまっているため、やめられないのだ。

一般的に、商品の脂肪分を減らすと売り上げが落ちることが分かっている。そのため、ファストフードなどの外食産業では脂肪分が高めに設定されることが多い。しかしこのことが、現代人の脂肪分の摂り過ぎにつながっているのである。

◎異性化糖の誕生

長らく甘味料の中心は砂糖だったが、現代になって「異性化糖」と呼ばれる甘味料が新たに登場した。

手近にジュースなどの甘い加工食品があるのなら、その原材料欄を見てみよう。その中で、「果糖ブドウ糖液糖」（果糖の含有率が50パーセント以上のもの）、または「ブドウ糖果糖液糖」（果糖の含有率が50パーセント未満のもの）と表示されているものが異性化糖だ。清涼飲料水などで異性化糖がたくさん使われているのが分かるはずだ。

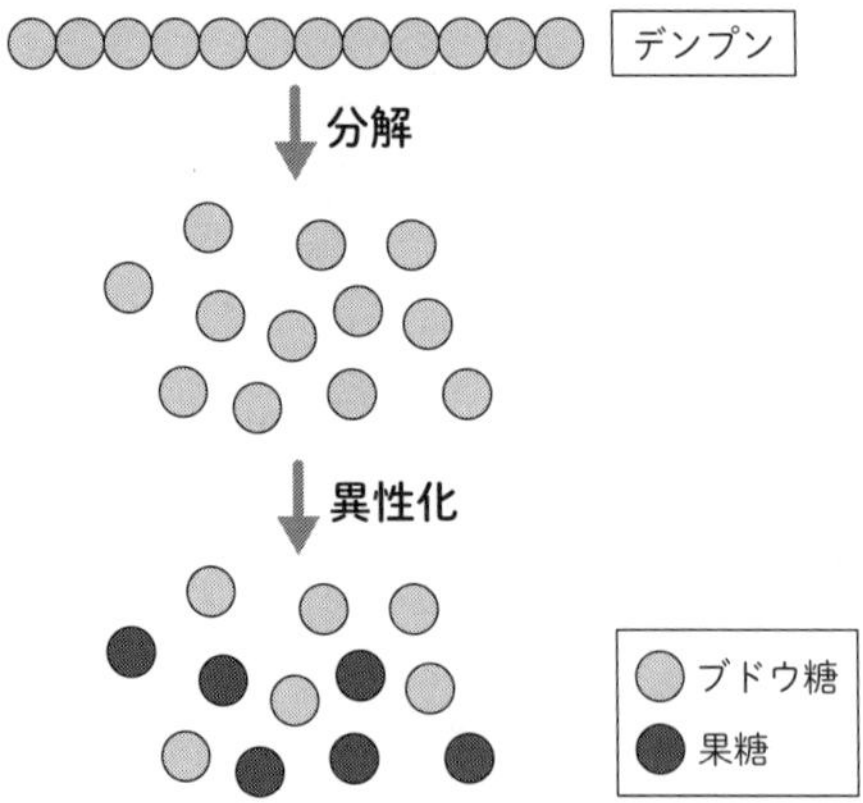

異性化糖はデンプンを分解して作ったブドウ糖の半分くらいを
果糖に異性化することで作られる

図21　異性化糖

砂糖と異性化糖はよく似ている。砂糖はブドウ糖と果糖が結合することでできているが、異性化糖の場合はブドウ糖と果糖がバラバラになって混合されたものだ（図21）。この異性化糖は、まずデンプンを分解してブドウ糖を作り、さらにブドウ糖の半分程度を果糖に変化（異性化）させることで製造される。

異性化糖の生産技術は、1965年に日本で開発された。そして1970年代後半になると、トウモロコシの一大生産国であるアメリカで、トウモロコシのデンプン（コーンスターチ）を原料にして異性化糖が大量に生産されるようになった。砂糖がサトウキビやテンサイなどから作られるのに対して、異性化糖は工業的に安価に製造できるため、食品業界で広く使用されているのである。

ところで、健康のためには果糖の摂取に十分に注意する必要がある。その理由は、果糖は血管などを傷つけやすいからだ。また、果糖を大量に摂取していると、血中のトリグリセリドが高い脂質異常症になりやすいことも報告されている。

現在、砂糖や異性化糖の摂り過ぎは世界中で問題になっており、各国で摂取量を抑える努力が進められている。

世界保健機関（ＷＨＯ）が２０１５年に発表した「砂糖摂取量に関するガイドライン」では、肥満や虫歯の予防のために、砂糖などの糖類の摂取量は総摂取カロリーの５パーセントまでにした方が望ましいとされている。大人の１日の総摂取カロリーを２０００キロカロリーとすると、５パーセントは１００キロカロリーとなり、砂糖では25グラムに相当する。

この25グラムはとても少ない量だ。例えばコカ・コーラの３５０ミリリットル缶には約40グラムの砂糖が含まれているため、１本で１日の推奨限度を軽くオーバーしてしまうことになるからだ。

農林水産省の「砂糖及び異性化糖の需給見通し」によると、私たち日本人は１日に平均42・５グラムの砂糖と17・７グラムの異性化糖を消費している。つまり、世界保健機関の推奨値を大幅に上回る糖類を毎日摂取しているというわけだ。

世界保健機関は砂糖や異性化糖の摂り過ぎを抑えるために、これらが入った飲料などに税をかけることを推奨しており、2011年にはフランス、2014年にはメキシコ、2017年にはインドとタイ、2018年にはイギリスとフィリピンが導入するなど、世界的に「砂糖税」の導入が進められている。このように砂糖と異性化糖の過度な摂取が健康をおびやかすことは、世界中の常識になりつつあるのだ。

◎人工甘味料

砂糖などの摂りすぎが健康に良くないといった理由から、人工的に合成したカロリー・ゼロの甘味料が砂糖などの代わりに使用されることが多い。このような人工甘味料としてもっとも古くからあるものが、砂糖の500倍の甘さを持つサッカリンだ。このサッカリンの発見を含めて多くの人工甘味料の発見は、偶然の産物だった。

1878年にドイツ人のコンスタンチン・ファールバーグは、アメリカのジョンズ・ホプキンス大学のアイラ・ラムセンの研究室に一時滞在していた。ある時、コールタールを用いた実験を行ったところ、偶然にサッカリンを合成してしまう。ファールバーグがサッカリンの甘さに気づいたのは、実験後の夕食でパンがいつもより甘いことを不審に思ったからだ。原因を調べたところ、彼がその日の実験で合成した化合物が手についており、それが甘い味の原因だったのだ。

現在、後味の良さや使い勝手の良さで使用量が増加しているスクラロースは、砂糖の６００倍の甘味を持つノン・カロリーの人工甘味料だ。スクラロースは、１９７６年にロンドン大学で作られた。これを最初に合成した大学院生は英語に不慣れで、電話で指示を仰いだ教授から「テスト（test）してくれ」と言われたのを、「味見（taste）してくれ」と聞き間違え、なめてみたところ驚くほど甘かったという、まるで冗談のような逸話が残されている。

清涼飲料水によく使用されているアスパルテームとアセスルファムＫも、なめてみることでその甘さが偶然見つかった人工甘味料だ。これらの発見者は得体の知れないものをよく口にしたものだと、その勇気には驚く。

さて、最近になって世界保健機関は、肥満や病気の予防のために人工甘味料を使用するのを控えるように勧告した。世界保健機関がこれまでに発表された２８３件の研究を分析したところ、人工甘味料は３カ月以内の短期間では体重やＢＭＩ（体重と身長から算出される肥満度を表す体格指数）を下げる効果があったが、長期間になると体重を減らす効果はみられないことが明らかになったという。さらに問題なのは、長年にわたって摂取を続けると、2型糖尿病や脳卒中、心血管疾患の発症リスクが20～30パーセント増加するということだ。

健康のためには人工甘味料に頼らず、砂糖や異性化糖の摂取量を減らしていくことが重要なのだ。

◎日本の塩作り

塩はとても大切なもので、人は塩を手に入れるために大変な苦労をしてきた。日本もその例に漏れず、塩の入手に苦労してきた歴史がある。日本には海水を乾かす広い平地が少なく、雨も多いため、塩作りには適していないからだ。その日本の塩作りが現代に入って大きな転換期を迎える。

昔の日本では主に雨の少ない瀬戸内海地域で、粘土の上に砂を敷いた塩田を用いて塩作りが行われた。この塩作りでは、人力あるいは潮の干満を利用して海水を塩田に入れたのち、太陽の熱と風の力で水分を蒸発させる。そうすると塩が結晶になり、砂に付着してくる。この砂についた塩を海水で溶かし、煮詰めることで塩を取り出していたのである。

これらの塩田を用いた製塩法は、1940年頃まで続けられた。さらに、その後の1971年までは、ゆるい傾斜地に少しずつ海水を流し、太陽と風の力で水分を蒸発させる「流下式塩田」を用いた製塩が行われた。しかし、これも天候に左右される製法であり、コストも時間もかかった。

そんな中で、海水中の塩化ナトリウムを電気的に濃縮する研究が1950年頃から進められていた。そして1966年に「イオン交換膜法」と名付けられた製塩法が開発される。この方法では、プラスイオンだけを通す陽イオン交換膜と、マイナスイオンだけを通す陰イオン交換膜を交互に並べ、両端から電流をかけることで塩化ナトリウムを濃縮するのだ。こうして濃縮された塩化ナトリウム液は蒸発・結晶工程に移され、食塩が作られる。

このイオン交換膜法によって、日本は天候の影響を受けずに、塩を大量かつ安価に生産することが可能になった。塩化ナトリウムは工業的にも重要な物質であったため、イオン交換膜法による塩作りは、日本が経済大国として成長する原動力の一つにもなった。

イオン交換膜法の開発を受けて、1971年には「塩業近代化臨時措置法」が成立し、日本での製塩はイオン交換膜法のみで行われることが決まった。また、専売公社以外の一般企業が製塩を行ったり、塩を輸入したりすることも禁止された。

しかし、この決定に異議を唱える声も少なからず出てきた。実は、塩田で作った食塩に含まれていたマグネシウムやカルシウムなどのミネラル分が、イオン交換膜法の塩には含まれていなかったからだ。

その後、これらのミネラルの重要性を訴えた団体の活動により、塩田での塩の製造が一部認められ、その流通量も徐々に増えていった。そして、1997年には塩の専売制が廃止され、さらに2002年に塩の販売が完全自由化された。そのため現在では、輸入された岩塩や国内外の海塩など、自由に塩を買い求めることができるのである。

◎インスタントラーメンの誕生

日本人にとって20世紀に登場した新しい食品といえば、インスタントラーメンを思い浮かべる人も多いのではないだろうか。これもまたたく間にグローバル化した食品の一つだ。2018年の調査では、世界で1年間に1000億食のインスタントラーメンが食べられているという。

インスタントラーメンは日清食品の創業者、安藤百福《ももふく》によって考案されたといわれている。１９５８年に「チキンラーメン」というブランド名で最初のインスタントラーメンが販売された。

実は、安藤がインスタントラーメンを考案する前に、それに関連する重要な技術が開発されていた。それは、１９５３年に村田吉夫が発明した、麺を波状に縮れさせる製法である。この村田の発明によって、インスタントラーメンの大量生産への道が開けたといわれている。麺を波状にカールさせると、小さなパッケージに多くの麺が入るし、調理中に麺がくっつきにくくなる。また、輸送中や保管中に麺が壊れにくくなる。さらに、麺の弾力性が向上するとともに、食べる時に箸やフォークから麺が滑り落ちにくくなるなどの利点があるのだ。

一方、安藤の工夫は、瞬間油熱乾燥法を用いて即席麺を作ることだった。スープがからんだ調理済みの麺を高温の油の中に入れると、水分が瞬間的に蒸発する。この麺を熱湯につけると、数分でラーメンとして食べることができるのだ。安藤は、妻がてんぷらを揚げるのを見て、この方法を思いついたと述べている。

日清食品のチキンラーメンが成功すると、他の食品会社からもインスタントラーメンが販売されるようになり、インスタントラーメンの世界は拡大していった。また日清食品は、1963年に初めてのインスタント焼きそばである「日清焼きそば」を販売し、新しい即席麺の世界を開拓した。

そして1971年には、熱湯をカップに入れて作る「日清カップヌードル」を発売した。世界初のカップ麺が誕生したのである。

カップヌードルは発売当初はたいして売れなかったが、1972年に発生したあさま山荘事件で機動隊員が食べている姿がテレビで放映されたのをきっかけに大ヒットしたといわれている。

◎電子レンジ

現代の生活で電子レンジはなくてはならないものだ。火を使わずに短時間のうちに食品を温めることができるのは非常に画期的な技術で、一度電子レンジを使い始めると、その便利さから使うのをやめるという選択肢は考えられなくなってしまう。

最近では電子レンジで温めるだけで美味しく食べられる冷凍食品がたくさん販売されてい

るし、電子レンジを用いた簡単クッキングのレシピも世の中に広く出回っている。

総務省が5年おきに調査・発表している全国消費実態調査の２０１９年の結果によると、2人以上の世帯では97・8パーセントが電子レンジを所有しているという。単身世帯でも92・4パーセントとなっており、ほとんどの世帯が電子レンジを持っていると言っても過言ではない。

１９８４年の調査では、2人以上の世帯での所有率は51・6パーセントだったので、この40年の間に必要不可欠な家電になったようだ。アメリカも似た状況で、１９８６年にはアメリカの家庭の約25パーセントが電子レンジを所有していたが、１９９７年には90パーセント以上の家庭が所有するようになったという。

電子レンジの原理は、マイクロ波と呼ばれる電磁波を使って水の分子を回転させることで温めるというものだ。電子レンジの中に隠れているマグネトロンという装置が、マイクロ波を発生させるのである。そのため、電子レンジは英語ではMicrowave oven（マイクロ波オーブン）という。

電子レンジの開発については、次のような「伝説」が語られることが多い。

軍需品を作る企業レイセオンに勤めていたパーシー・スペンサーは、１９４０年代のある日、レーダーで使用するマグネトロンの前に立っていた。すると、ポケットに入れていたチョコレートが温かくなり、溶け始めたのである。これに興味を抱いたスペンサーは、少年にポップコーンを買いに行かせた。そしてマグネトロンに近づけてみると、ポップコーンの袋が温められて破裂してしまったのだ。こうして食品の加熱にマグネトロンを使用できることを確信したスペンサーは研究を続け、ついに電子レンジを開発したのである。

しかし、これは全くの作り話だ。1930年代には電磁波が物質を加熱することはよく知られており、電磁波で食品を加熱するというアイデアも新しいものではなかった。そして、多くの企業がこの技術の実用化に取り組んでいたのである。実際に1933年にシカゴで開催された万国博覧会では、ウェスティングハウス社がステーキとジャガイモの電磁波による加熱調理を実演したという。

ただし、この頃に使用されていたのは、マイクロ波とは異なる波長の電磁波だった。マイクロ波を用いたのが、スペンサーたちの工夫だったのである。

1946年、スペンサーたちは食品の調理にマイクロ波を使用する特許を申請した。こうして製造されるようになった電子レンジは、最初はとても大きくて高価なものだったが、次第に小型化され、価格も安くなった。そして世の中に広く普及するのである。

◎緑の革命

さて、ここからは現代の食の生産技術について見ていこう。最初は「緑の革命」だ。

緑の革命とは、1940年以降に穀物の品種改良や化学肥料・農薬、農業機械の使用などによって、メキシコやインドなどの発展途上国で農作物の増産を達成したことを指す。その結果、飢えることがなくなり、世界人口が大きく増えることにつながった。

この緑の革命で重要だったのが、背丈が低くて倒れにくい穀物の品種を使用することだった。背丈が高いと強い風や嵐などで穂が倒れてしまい、収穫できなくなってしまうが、背丈が低いとその危険性が低くなり、安定した収穫量を得られるのだ。

低い背丈の品種を作る上で、日本で育種されたコムギが大きな役割を果たした。1925年頃から岩手県農業試験場で、背丈が低くて穂が大きいコムギの品種を作り出す努力が続けられていた。そして、1935年にそのような性質を持つ新品種が確立され、コムギ農林10号として登録された。農林10号は終戦後にアメリカに渡り、アメリカの品種と交配されることで、背丈が低くて穂が大きいコムギの品種が次々に生み出されたのである。そしてこれが世界に広まり、発展途上の国々を救うことになるのだ。

最初に背丈の低いコムギによって救われたのがメキシコだ。新しい品種の導入によってメキシコのコムギの生産量は飛躍的に増加し、メキシコはコムギの輸入国から輸出国へと生まれ変わったのである。

メキシコでの農業改革に取り組んだのがアメリカの農学者ノーマン・ボーローグ（1914～2009年）で、彼はその功績から1970年にノーベル平和賞を受賞し、「緑の革命の父」と呼ばれている。

一方、イネにおいても、背丈が低くて収穫量が多い品種の育成が進められた。その結果、「奇跡のイネ」と呼ばれる「IR8」という品種が、フィリピン国際イネ研究所で生み出された。

このIR8が1960年代に食糧難に苦しんでいたインドに持ち込まれると、コメの収穫量が劇的に増加するという大成功を収める。また、インドでは先に述べたコムギの新品種なども育てられるようになった結果、約20年間で穀物の生産量が倍増したという。

このような緑の革命においては、高収量の品種を使用するだけでなく、様々な新しい技術の導入も行われた。その一つが化学肥料と農薬の使用だ。新品種は化学肥料でよく育つという性質も持っていた。そのため、ハーバー＝ボッシュ法で作られた化学肥料を大量に使用することで、収穫量を大幅に伸ばすことができたのだ。

農薬もとても重要だった。農薬は害虫や雑草を駆除するのに役立ち、その結果、狭い土地での作物の収穫量を増やすことができた。

もう一つの技術が、農業機械の使用だ。それまでの手作業に代わって、トラクターやコンバイン、散布機などの機械が使われることで必要な労力が激減し、作業のスピードも格段に向上した。その結果、生産コストが大幅に下がったのである。

機械化とほぼ同時に進んだのが、灌漑の利用だ。機械技術が進歩した結果、深い井戸を掘ることが可能になり、それまでは農業が不可能だったところで作物の栽培が可能になったのである。

一方、緑の革命にはマイナスの面もあった。その一つに、化学肥料を大量に使用した結果、土地の劣化が進んだことが挙げられる。

土壌には、植物や動物の死骸が部分的に分解された「腐植《ふしょく》」という成分が含まれている。この腐植には栄養素を保持するという重要な役割があるのだが、化学肥料を使い続けると腐植が完全に分解され、やせた土地になってしまうのだ。

また、農薬によって河川や海が汚染された結果、生活用水が不足したり、漁業資源が減少したりといった公害が頻発するようになった。

さらに最近では、地下水の枯渇も大きな問題となっている。コメやコムギを栽培するためには大量の水が必要だ。例えばコムギを1キロ作るためには２０００リットルもの水が必要だと言われている。このように作物を育てるために必要な水を地下から汲《く》み上げてきた結果、地下の貯水量が急速に減少しているのだ。例えば米国西部や南ヨーロッパ、インドなどの乾燥地帯では、２０５０年までに地下水が枯渇してしまう可能性が指摘されている。

以上のように多くの人々を養ってきた現代農業だが、持続可能な世界をつくっていく上で解決すべき課題は山積している。

◎ハイブリッド品種

現在、スーパーマーケットなどに並んでいる野菜の多くはハイブリッド品種と呼ばれるものだ。ハイブリッド品種はF_1（1代雑種）とも呼ばれる。

ハイブリッド品種とは、２つの異なる品種の植物を交配させ、その植物が実らせた種子を採取して育てたものだ（図22）。つまり、２つの品種から生まれた雑種で、それぞれの品種

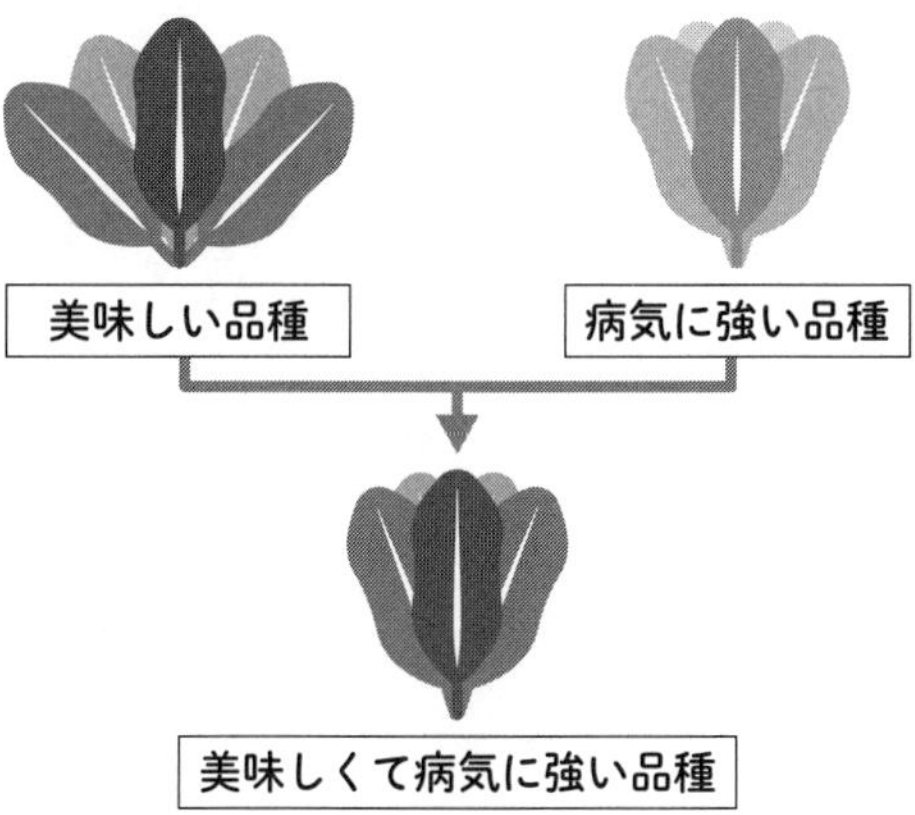

ハイブリッド品種は2つの品種を交配させることで作られる雑種で、
両方の品種の性質を併せ持つことが多い

図22　ハイブリッド品種

の性質を併せ持つことが多い。

ハイブリッド品種を作るには、2つの品種間で花粉を交換する。具体的には、ある植物の花粉を、別の植物の雌しべに受粉させる。こうしてできた果実には雑種化した種子ができ、それを植えて育てればハイブリッド品種ができるのだ。

雑種は強いと一般的に言われるが、その通りで、ハイブリッド品種には、病気に強い、気候変動に強い、生育が旺盛、サイズが大きい、美味しいなどの利点がある。つまり、栽培しやすくて、高品質で、収穫量が多いのがハイブリッド品種なのだ。このような利点から、現代の野菜の多くはハイブリッド品種なのだ。そして、このハイブリッド品種のおかげで、多くの人々が美味しい野菜を存分に楽しむことができているのである。

さて、優れたハイブリッド品種であるが、その優れた性質はその世代限りという欠点がある。つまり、ハイブリッド品種同士を交配しても、同じような性質を持つ作物はほとんど生まれてこないのだ。そのため、ハイブリッド品種を育てるには、種苗メーカーから毎年新しい種や苗を買う必要が生じる。

また、特定のハイブリッド品種の性質が優れていると、そればかりが栽培されて、種の多様性が失われてしまうという指摘もある。

そのような中で、在来種を栽培し続けている農家もそれなりにあるし、種苗メーカーの多くも在来種を扱っている。ハイブリッド品種と在来種が共存できる未来が理想なのだろうと思う。

◎遺伝子組み換え作物

現代の生物学で生まれた革新的な技術として、遺伝子の操作技術がある。ここ数十年のバイオテクノロジーの進歩によって、生物の遺伝子（ＤＮＡ）を直接操作できるようになったのだ。そのような技術の一つが、遺伝子組み換え技術だ。

遺伝子組み換え技術とは、ある生物の遺伝子を別の生物の中に入れて働かせる技術のことだ。例えば緑色の蛍光を発するクラゲの遺伝子をマウスに導入すると、緑色に輝くマウスを作ることができる（実際に作られた！）。

この遺伝子組み換え技術を用いて作られた作物が、遺伝子組み換え作物だ。遺伝子組み換え作物として有名なものにダイズがある。現在栽培されている遺伝子組み換えダイズには、特定の除草剤を分解する遺伝子が導入されていて、その除草剤で枯れないようになっている。その除草剤を散布すると、ダイズを枯らさずに雑草などの他の植物を除去することができ、最終的に収穫量が増えるのだ。

人間の食用として生産された最初の遺伝子組み換え作物は、１９９０年代半ばに開発された。そして現在、市場に出回っているダイズ、トウモロコシ、テンサイの約90パーセントが遺伝子組み換え作物となっている。

遺伝子組み換え作物は収穫量が多く、病気や害虫に強く、保存期間も長く、味も良い。これらの利点は、農家にとっても消費者にとってもプラスであると考えられている。例えば収穫量が多くて、保存期間が長くなれば価格が下がって、消費者には都合が良い。また、病害虫に強い作物ということは、農家が高品質の作物を栽培するために多くの農薬を購入し、使用する必要がないということを意味する。このため、遺伝子組み換え作物は、従来の農作物よりも環境に優しいと言えるのだ。

一方で、遺伝子組み換え作物には否定的な意見もある。遺伝子組み換え作物は、それまで自然界には存在しなかった生物であるため、予期せぬ危険性が生まれる可能性が指摘されているのだ。例えば遺伝子組み換え作物によっては、予期せぬアレルギー反応を起こす可能性も否定できないといわれている。また、遺伝子組み換え作物が自然界の生物と交配することによって、作物に導入された遺伝子が植物や動物に広がる可能性もある。

しかし、これまでのところ、食用として承認された遺伝子組み換え作物では、いずれもこうした問題は起こっていないとされている。

今後も新しい遺伝子組み換え作物は作り続けられると考えられる。例えば、人間の健康に役立つ薬効成分を含むような遺伝子操作が行われる可能性は高い。安全性について注意を払いながら、その可能性を見守りたいと思う。

◎ゲノム編集作物

比較的新しい遺伝子操作技術が、ゲノム編集技術だ。ゲノム編集技術とは生物の設計図であるゲノムを改変する技術のことだ。ちなみに、ゲノムとは生物が持っている全遺伝子の1セット分を言う。

ゲノム編集技術にはいろいろな方法があるが、現在もっとも広く使用されているのがCRISPR/Cas9（クリスパー／キャスナイン）と呼ばれるもので、2020年のノーベル化学賞の受賞対象になった技術だ。

このCRISPR/Cas9を使うと、目的とする遺伝子の一部を切断することができる。細胞は切断された遺伝子を再びつなげるのだが、この時に「間違い（突然変異）」が起こることがよくある。実は、この突然変異を起こすことがゲノム編集の目的なのだ（次ページ、図23）。というのも突然変異が起こると、その遺伝子の働きが弱くなったり強くなったりするからだ。

このようなゲノム編集技術を用いた遺伝子の改変は、原理的にはこれまでの品種改良と同じと考えられている。つまり、これまでの品種改良でも自然に起こる遺伝子の突然変異を利

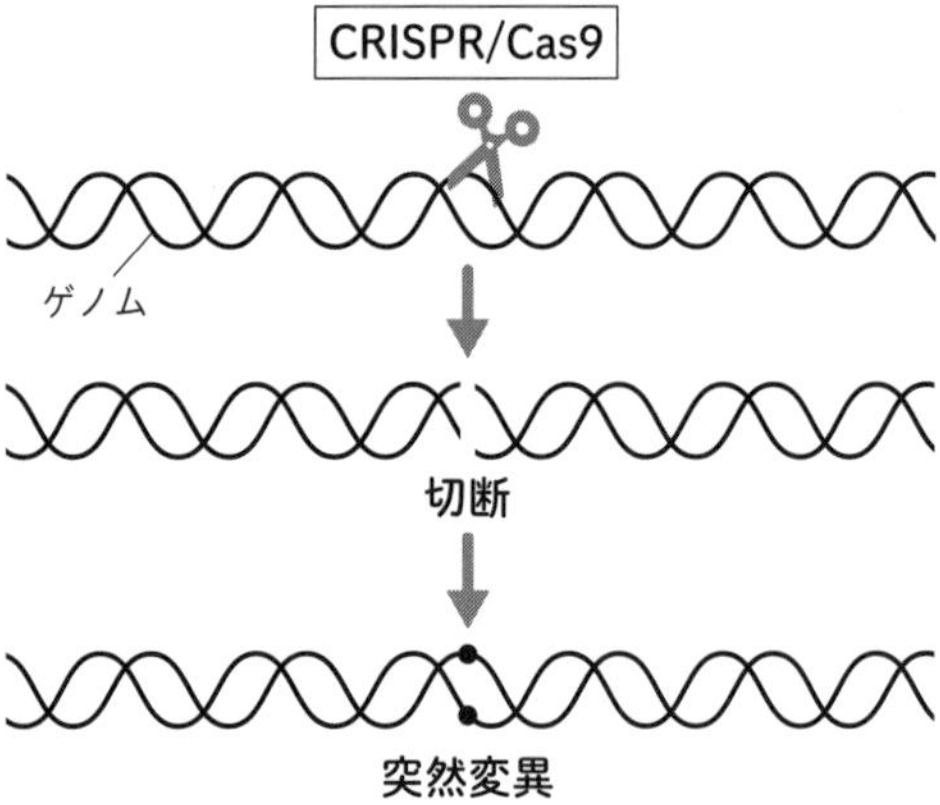

ゲノム編集では、目的とする遺伝子の一部を
切断することで突然変異を生じさせる

図23　ゲノム編集

用していたのだ。ゲノム編集技術は、この突然変異を非常に効率よく起こす技術と言える。

従来の自然に起こる突然変異に頼った品種改良では、長い時間がかかっていた。さらに、品種改良では運に頼ることが多いため、望ましい形質と同時に望ましくない形質が現れるなど複雑な結果をもたらすことも多かった。ゲノム編集を用いると、目的の遺伝子に狙いを定めて突然変異を起こすことができるため、望みの作物を作りだすことが容易なのだ。

ここで、日本でのゲノム編集作物の第1号となったGABA（ギャバ）を多く含むトマトを見ていこう。このトマトは、2020年に販売・流通の届け出が厚生労働省と農林水産省に提出されたものだ。

ＧＡＢＡはアミノ酸の一種で、人や動物の脳や脊髄に大量に存在していて、神経の活動を調節する働きをしている。ＧＡＢＡを摂取すると、交感神経の活動が抑制され、副交感神経の活動が活発になる。交感神経は人や動物が活動する時に活発になる神経で、心臓の動悸《どうき》を速めたり末梢の血管を収縮させたりすることで血圧を高める。一方、副交感神経は基本的に交感神経とは逆の働きをする。つまり、休息している時などに活発になり、血圧を下げる働きがあるのだ。このため、ＧＡＢＡを摂取すると血圧が下がるのだ。

動物と同じように、トマトなどの植物もＧＡＢＡを持っている。これは、植物の細胞の中にＧＡＢＡを作る酵素があるからだ。なぜ植物もＧＡＢＡを作るのかは十分に分かっていないが、理由の一つに環境変化に対する防御があると考えられている。

さて、ＧＡＢＡを多く含むトマトだが、ゲノム編集技術を用いてＧＡＢＡを作る酵素の量を増やしたのだ。こうしてＧＡＢＡをたくさん含むトマトができたわけだ。

現在は、このトマト以外に、可食部が増えたマダイや成長が早いトラフグなどがゲノム編集作物として登録されている。今後もゲノム編集技術を用いて作成した新しい農作物や魚介類、肉類が次々と誕生していくことが予想される。

◎培養肉

培養肉とは、動物の個体からではなく、可食部の細胞を組織培養することによって得られた肉のことだ。現在、ウシ、ブタ、ヒツジ、ニワトリ、カモ、魚、貝などの培養肉の研究開発が進行しているという。

培養肉を使用すると、屠殺《とさつ》する必要がないので動物の犠牲を減らせることや、家畜を肥育するよりも短期間で肉が得られること、省スペース・省資源で肉を作れること、厳密な衛生管理が可能であること、環境への負荷が小さいことなどの利点がある。ある研究では、再生可能エネルギーを使って生産した場合、従来の牛肉と比較して、温室効果ガスの排出量を最大92パーセント削減できると試算されている。

培養肉の製造工程は、まず動物から取り出した肉の細胞の元になる未熟な細胞を、培養器の中で高密度かつ大量に培養することから始まる。動物の体内で起こっているのと同じように、細胞にはアミノ酸や糖、ビタミン、無機塩類などの基本的な栄養素とホルモンなどが与えられる。

その後、未熟な細胞を、食肉を構成する骨格筋や脂肪、結合組織へと分化させる。こうして分化した細胞は一つに集められ、肉の形に整えられて最終製品として出荷されるのだ。以上のプロセスには1～2カ月かかるといわれている。

なお、2023年4月にアメリカで培養脂肪の作製に成功したと報じられた。これを培養肉と混合すれば、霜降り肉を作製することも夢ではないと考えられる。

2013年にオランダの科学者マーク・ポストは、培養肉で作った世界初のハンバーガーを発表した。その後、世界の各地で培養肉を作る企業が設立され、2022年現在では150社余りの企業が活動しているという。

こうして2040年までに、肉の60パーセントが培養された細胞から作られ、世界中の食料品店やレストランで販売されるという予測も出ている。まだまだなじみが薄い培養肉だが、近い将来には当たり前の食材になっている可能性があるのだ。

◎拡大するフードテック

フードテックという言葉は、食品（フード）と技術（テクノロジー）を組み合わせたもので、科学技術を基盤にして新しい食の世界を切り開いていく技術のことだ。そのため、これまで見てきた緑の革命や遺伝子組み換え作物、ゲノム編集作物、培養肉などで使用される技術は、すべてこのフードテックに含まれる。

フードテックの最大の目的は、持続可能な食料供給の仕組みを作り上げることだ。その中には、深刻化する食料問題の解決に加えて、豊かで健康的な食生活を実現させることも含まれている。

ところで、日本はフードテック分野で諸外国に大きく出遅れていると指摘されている。農林水産省の集計によると、2019年までのフードテック分野への投資額は、米国9574億円、中国3522億円、インド1431億円、英国1211億円なのに対して、日本は97億円しかないとされる。

この状況に危機感を覚えた日本政府は現在、国内のフードテックを推進するために研究助成や民間企業への呼びかけなどの取り組みを活発化させている。

それでは、今後の発展が期待されているフードテックの分野にはどのようなものがあるのだろうか。これらについて簡単に見ていこう。おそらくこれらは、今後の食の世界が進む方向を示しているはずだ。

①植物由来の代替タンパク質の開発：植物由来の材料を用いて、畜産物や水産物に似せた食品を開発する。ダイズを用いた代替肉などが、これに相当する。
②ゲノム編集作物の開発：すでに述べたように、ゲノム編集の技術で作物の改変を行う。
③昆虫食・昆虫飼料の開発：昆虫を材料にした食品や飼料を開発する。コオロギの粉末を用いた食品など。
④細胞性食品の開発：培養肉のように、生物由来の細胞を培養することで食品を作る。
⑤ヘルスフードテックの開発：食と健康に関係する情報を活用した、健康的な食生活を支援する技術の開発。
⑥スマート食品産業の開発：人工知能（ＡＩ）を搭載したロボットなどを用いた、外食産業を支援する技術の開発。
⑦アグリテック・スマート水産業：ＡＩやＩＴを用いた農業や養殖を支援する技術の開発。

おぼろげながら、これからの食の世界が見えてきたのではないだろうか。

◎バイオものづくり

人間が食べたり飲んだりしている食品や飲み物の中には、健康に良い成分が含まれている場合がある。例えば、コーヒーをよく飲む人は肝臓の病気になりにくいことが分かっているが、それにはコーヒーに含まれるポリフェノールのクロロゲン酸が関わっていると考えられている。また、コーヒーや紅茶などに含まれるカフェインは認知機能を上昇させることが分かっている。

最近よく目にすることが多い特定保健用食品や機能性表示食品は、このように健康に良いとされる成分が含まれている食品になる。これらの食品を摂取すると、健康増進や特定の病気の予防などに役立つと考えられているのだ。

ところでクロロゲン酸やカフェインといった物質は、植物が生育する上で必須のものではない。植物は害虫やカビ、微生物や動物などから身を守るためにこれらの物質を作っているのだ。そして、これらの物質は人間にとって有用であることが多く、古くから医薬品や嗜好品、化粧品、香料などとして利用してきた歴史があるのだ。例えば、朝鮮人参などの漢方薬もその一つだ。

　このように植物が作り出す物質は二次代謝産物と呼ばれ、自然界には20万種類以上の二次代謝産物が存在しているといわれている。しかし、その多くは構造が複雑なため、化学合成が困難な場合がほとんどだ。さらに植物に少ししか含まれていないため、取り出して使う場合には大量の植物から精製を行う必要がある。

　最近になって、微生物で植物の二次代謝産物を作ろうという試みが盛んになってきた。このように微生物で物質生産を行う学問領域は合成生物学と呼ばれており、アメリカでの合成生物学ベンチャーへの民間投資額は、２０２１年には約２兆円に上ったといわれている。

　合成生物学の分野が発展すると、植物の二次代謝産物を安価かつ大量に生産することが可能になる。そうなると、それを薬やサプリメントとして使ったり、特定保健用食品のように食品の中に入れて使用したりすることができる。植物の二次代謝産物は生理活性が非常に高いため、健康に役立つ画期的な薬や食品が生まれる可能性が十分にあるのだ。

　特に私が注目しているのが炎症反応を抑える成分だ。というのも、生活習慣病や老化などに慢性的な炎症反応が深く関わっているからだ。日頃から炎症反応を低く抑えられる成分を摂取できれば、様々な病気を防いだり、老化を食い止めたりできるのだ。

　このようにバイオテクノロジーの技術を用いて物質生産を行うことは「バイオものづくり

（biomanufacturing）」と呼ばれており、現在大変注目されている分野だ。試算では、バイオものづくりは今後10年以内に世界の製造業の3分の1以上を占めるようになり、その市場規模は約30兆ドルに達すると見積もられている。

これを受けてアメリカのバイデン政権は、２０２２年9月にバイオテクノロジーとバイオものづくりの技術革新を推進する大統領令を発出したのである。

日本には微生物を使って醤油や味噌などの発酵食品を造ってきた長い歴史があり、微生物を利用するためのノウハウが蓄積されている。合成生物学やバイオものづくりではぜひとも世界をリードする地位を築きたいものだ。

PHP新書
PHP INTERFACE
https://www.php.co.jp/

新谷隆史［しんたに・たかふみ］

1966年生まれ。京都府京都市出身。1989年、京都大学農学部食品工学科卒業。1997年、総合研究大学院大学生命科学科博士課程修了。博士(理学)。基礎生物学研究所並びに東京工業大学において神経科学と栄養生理学の研究を行う。現在はファーメランタ株式会社研究開発部長として微生物を用いた生理活性物質の発酵生産に携わる。サイバー大学客員教授を兼任。著書に『一度太るとなぜ痩せにくい？〜食欲と肥満の科学〜』(光文社新書)などがある。

「食」が動かした人類250万年史

PHP新書 1366

二〇二三年九月二十九日　第一版第一刷

著者――新谷隆史
発行者――永田貴之
発行所――株式会社PHP研究所
東京本部　〒135-8137 江東区豊洲5-6-52
ビジネス・教養出版部　☎03-3520-9615(編集)
普及部　☎03-3520-9630(販売)
京都本部　〒601-8411 京都市南区西九条北ノ内町11
組版――株式会社PHPエディターズ・グループ
装幀者――芦澤泰偉＋明石すみれ
印刷所
製本所――図書印刷株式会社

ISBN978-4-569-85562-2

PHP新書刊行にあたって

「繁栄を通じて平和と幸福を」(PEACE and HAPPINESS through PROSPERITY)の願いのもと、PHP研究所が創設されて今年で五十周年を迎えます。その歩みは、日本人が先の戦争を乗り越え、並々ならぬ努力を続けて、今日の繁栄を築き上げてきた軌跡に重なります。

しかし、平和で豊かな生活を手にした現在、多くの日本人は、自分が何のために生きているのか、どのように生きていきたいのかを、見失いつつあるように思われます。そして、その間にも、日本国内や世界のみならず地球規模での大きな変化が日々生起し、解決すべき問題となって私たちのもとに押し寄せてきます。

このような時代に人生の確かな価値を見出し、生きる喜びに満ちあふれた社会を実現するために、いま何が求められているのでしょうか。それは、先達が培ってきた知恵を紡ぎ直すこと、その上で自分たち一人一人がおかれた現実と進むべき未来について丹念に考えていくこと以外にはありません。

その営みは、単なる知識に終わらない深い思索へ、そしてよく生きるための哲学への旅でもあります。弊所が創設五十周年を迎えましたのを機に、PHP新書を創刊し、この新たな旅を読者と共に歩んでいきたいと思っています。多くの読者の共感と支援を心よりお願いいたします。

一九九六年十月

PHP研究所